中国旅游评论：
政策专辑

China Tourism Review:
Policy Special

 中国旅游研究院

北京·旅游教育出版社

《中国旅游评论：政策专辑》编辑委员会

主任委员　戴　斌
编　　委　保继刚　戴　斌　李天元　马　波
　　　　　马耀峰　田　里　肖洪根　谢彦君
　　　　　张凌云　郑向敏　周玲强

《中国旅游评论：政策专辑》编辑部

主　　　编　宋子千
执 行 主 编　胡抚生
编辑部成员　唐晓云　吴　普　韩元军
英 文 审 校　王向宁

目 录
CONTENTS

● 政策论坛 ··· 1
 政府主导型旅游发展战略再认识 ······················· 吴三忙 3
 从微观监管到宏观调控
  ——政策工具视角的旅游业制度演化 ················ 唐晓云 11
 财政支持旅游业发展的国际经验及其对我国的启示 ······· 胡抚生 24
 海南旅游业碳排放估算及低碳发展的政策建议 ············ 吴 普 33
 经济带建设背景下丝绸之路旅游发展政策研究 ············ 尹贻梅 44
 我国家庭农场的政策现状分析及推进策略 ··· 胡海胜 郑慧芬 张福庆 54

● 生态文明建设 ··· 63
 对旅游生态补偿机制若干问题的思考 ············ 宋子千 蒋依依 65

● 产业研究 ··· 73
 城市旅游产业效率的静态特征、动态演进与政策取向 ······ 韩元军 75
 旅游业与三次产业融合发展研究
  ——以河北省廊坊市为例 ······························ 吴丽云 85

● 满意度研究 ·· 95
 高等院校旅游管理专业学生实习满意度分析
  和政策建议 ································ 杨劲松 赵小丽 吕 悦 97
 旅游地社区居民满意度理论模型构建
  及其应用 ································ 周运瑜 尹华光 曾丽云 108

● 国际旅游 ··· 125
 印度旅游业发展经验对我国建设
  "美丽中国"的启示 ····························· 杨丽琼 向飞丹晴 127
 澳大利亚对华游客细分战略研究 ························ 吴茂英 136

政策论坛

政府主导型旅游发展战略再认识

吴三忙

(中国地质大学人文经管学院,北京 100083)

【摘要】 政府主导型旅游发展战略的实施同我国旅游发展模式密切相关,在国民经济发展相对落后和旅游市场缺失的背景下,为推动旅游产业的超前发展,必然要实施政府主导型战略以解决旅游供给不足问题。但是,随着我国国民经济社会发展步入新阶段,旅游市场体系不断完善,政府主导型旅游发展战略实施的条件已经改变。当前,我国迫切需要实施市场决定型旅游发展战略,全面深化旅游行业市场化改革。

【关键词】 政府主导型;模式;旅游业

我国旅游业起步于1978年的改革开放,经过三十多年的发展,旅游产业规模不断扩大,2012年接待入境旅游人数13240.53万人次,实现国际旅游(外汇)收入500.28亿美元,接待国内旅游人数29.57亿人次,实现国内旅游收入22706.22亿元人民币。然而,我国在旅游业发展过程中长期实施的是政府主导型旅游发展战略。政府主导型旅游发展战略是"按照旅游产业自身的特点,在以市场为主配置资源的基础上,充分发挥政府的主导作用,争取旅游产业更大的发展"[①]。其实质是在政府与市场的关系中,政府处于主动地位,由政府来主导旅游产业的发展。政府主导型旅游发展战略的实施引起了广泛的争议,支持者有之,反对者也有之。支持者认为无论是发展中国家还是发达国家,在发展旅游产业的过程中大都实行政府主导型战略,政府主导无时无地不存在,只是有作用领域的不同、推行力度的差异而已;实践已充分证明,政府主导型旅游发展战略符合我国作为发展中国家的国情和我国旅游业发展的实际(匡林,2001;赵维新,2005)。反对者认为我国正处于建立健全市场经济体制的过程中,政府主导型旅游发展战略与国家经济体制转变的大方向背道而驰,从大的方面看,市场导向是必然趋势,政府只能按市场规

[基金项目] 国家自然科学基金青年项目(71003066)和教育部"新世纪优秀人才支持计划"项目(NCET-13-1009)资助。

[作者简介] 吴三忙(1978—),男,江西黎川人,中国地质大学人文经管学院副教授,经济学博士,研究方向:产业经济。

① 王大悟,魏小安.新编旅游经济学[M].上海:上海人民出版社,1998:224.

律"推动",而非"主导"旅游业发展(章尚正,2001;项顺贵,2012)。因此,理清政府主导型旅游业发展战略的相关问题,提出新时期我国旅游业发展模式具有重要意义。

一、政府主导型旅游发展战略形成的历史根源

政府具有垄断性和强制性的政治权力和公共权力,与市场行为相比较,政府行为有垄断性和强制性的特点,也更有权威性。当市场机制失效时,政府的干预行为成为方便的选择。按照经济理论最初的认识,政府的干预范围是市场失效范围,主要是公共物品的供应、外部性现象、自然垄断行业、信息不完全和信息不对称等。但是伴随着社会发展进程,政府的职能向社会公平职能、经济稳定职能甚至经济发展职能扩张。由此,政府干预经济的范围也有扩张的倾向。

我国的旅游产业是在由计划经济体制向市场经济体制过渡的大背景下发展起来的。市场机制在产业发展的初期尚难以带动产业迅速形成规模经济。在特定的历史条件下,市场体制无法自发地生长,必须有政府的干预。经济体制转轨时期,政府在旅游产业起步中不是扮演市场的替代者,而是扮演了市场制度的导入者和市场体系的完善者的角色。应该说,政府的全面干预是我国旅游产业难以避免的历史过程。

从旅游产业发展与国民经济发展的总体关系划分,旅游发展模式可以分为超前型和滞后型两种发展模式。所谓超前发展模式是指旅游产业发展超越国民经济总体发展水平,通过发展旅游产业来带动相关产业和地区经济进步的一种发展模式。这种旅游产业发展模式实行的前提是旅游资源丰富和具有外部旅游需求。滞后型旅游发展模式是指旅游产业发展滞后于国民经济发展总体水平,即国民经济发展到一定阶段后,带动旅游产业的发展。这种旅游产业发展模式的特点是旅游产业的成长是由适应本国居民对旅游劳务消费增长的需要而逐步推动的(张辉,2003)。[①]

我国旅游业发展模式是超前型旅游发展模式(孙尚清,1992)。1978年随着国门的打开,一方面,神秘的中国以其独特历史文化、自然风情吸引了众多的西方旅游者,旅游需求呈现指数增长,如1978年,来华旅游入境人数达180.9万人次,其中:外国旅游者23万人次,华侨、港澳台同胞回乡探亲旅游人数157.9万人次,均创造了新中国成立以来的最高纪录,超过以往20多年旅游接待人数的总和;另一方面,改革开放初期,我国面临外汇缺乏等问题,急需通过发展旅游业来赚取外汇,如1978年10月至1979年7月,邓小平同志5次专门讲话,要求尽快发展旅游业。邓小平同志指示:"旅游事业大有文章可做,要突出地搞,加快地搞","搞旅

---

① 张辉.旅游经济论.北京:旅游教育出版社,2003:152.

要把旅馆盖起来。下决心要快,第一批可以找侨资、外资,然后自己发展。"但是长期的计划经济体制束缚,没有把旅游作为一种产业来发展,而是作为一种事业接待,因此,尽管有了极强的旅游需求,但旅游市场缺失,旅游供给无法跟上,同时由于国民经济比较落后,旅游业发展的基础设施也不具备。在这种历史条件下,要发展旅游业必须由政府来推动,通过政府大力兴建各类旅游设施和出台各项旅游政策,以完善旅游供给推动旅游产业的发展。结果在改革开放"六五"期间中国旅游产业规模和产业业绩有比较明显的提高,尤其是入境旅游接待设施有很大发展,为旅游业的发展奠定了基础,1985年底,全国拥有旅游涉外饭店325家,共约12万张床位,比1980年翻了两番。旅游交通得到很大发展,同时旅游部门从1982年起租用空军旅游包机,1985年正式成立旅游包机公司。

因此,我国实行政府主导型旅游发展战略是同我国旅游发展模式密切相关的,在国民经济发展相对落后和旅游市场缺失的情况下,要推动旅游产业的超前发展,必须通过政府的力量来有效地解决旅游供给问题。

此外,从中国旅游业发展的进程来看,选择政府主导也有必然性。其一,中国经济体制的现实情况是,政府一直是国民经济发展的主导力量,新中国成立以来,旅游业的发展自然也是走着政府主导型的发展道路。在市场机制不够健全、重要的经济资源都掌握在政府手中的背景下,不仅旅游发展的方向由政府决定,且离开政府的支持,其发展也无从谈起。其二,各国旅游业的竞争已上升到国家层面,形成所谓的"举国竞争体制"。政府在国际旅游市场上所发挥的作用越来越重要且难以替代。其三,其他国家或地区的示范作用。20世纪中后期,东亚部分国家和地区的旅游业伴随着经济的腾飞取得了瞩目的成就,形成所谓"东亚模式",其最大特点即政府干预经济,中国借鉴其经验,发挥政府主导作用,实属自然。

二、政府主导型旅游发展战略实施效果评价

新中国成立后至1978年旅游在我国更多属于外事接待服务,只讲政治需要,不论经济效益,还不能从产业发展的角度来分析政府的作用。改革开放后,旅游业开始了艰难的转型,此后的30年,政府的主导作用是推动我国旅游业快速发展的主要力量,可以说,没有政府的主导作用就没有旅游业的今天:实现了旅游服务供给能力的飞速增长;确立了旅游业的产业地位,使旅游业成为不少地区的支柱产业和国民经济新的增长点;国内旅游市场得到快速开发,内外呈现平衡发展态势;旅游管理体制不断完善。但是,政府主导型旅游发展战略实施也暴露了系列问题。

第一,行业经济效益普遍不高。从本质上讲,政府部门不是谋利机构,政府行为主导旅游业发展的时候,更多的是注意产业整体的发展情况,而不关心具体企业是否赢利。如果只注意发挥政府行为对旅游业的主导性,而不对政府行为进行

适当的控制,在某些情况下,政府有关部门出于自身需要,会利用所掌握的资源进行过度投入,造成行业迅速发展与企业经济效益不高的矛盾现象。

第二,抑制了旅游企业的积极性。在市场经济环境下,旅游业的健康稳定发展依靠的是市场的主体——企业和消费者。中国的旅游企业从所有制方面看主要可分为国有企业和非国有企业,如果政府参与企业经营,则必然会在不同所有制企业间形成不平等竞争,压抑非国有企业的发展。即使是国有企业,政府的过度干预,也会削弱它们的经营自主权,压抑其生产经营的积极性和创造性,导致市场竞争力的削弱。

第三,地方、部门之间的利益矛盾造成旅游业发展的无序。在旅游业的发展进程中,各级政府和部门之间的利益并非完全一致,为了维护自身利益,必然采取一些不适当的政府行为,引起旅游业发展过程中的恶性竞争、地方保护、资源过度利用及环境破坏等现象。

三、我国实施政府主导型旅游业发展战略的条件已经变化

尽管,政府主导型旅游业发展战略对促进我国旅游业快速发展起到了重要的历史贡献。但是随着我国国民经济的发展,旅游业发展环境和条件已经改变,旅游业发展战略必须进行重大的调整。

一是从人均国民收入来看,我国正由中高收入国家向高收入国家迈进,国民经济社会发展步入新阶段。改革开放以来,我国经济发展取得了巨大的成就,2010年GDP已经跃居全球第二,与此同时,我国人均国民收入也实现了快速增长。根据世界银行按人均国民收入对世界各国的划分方法,世界各国可以分成四组,即低收入国家、中低收入国家、中高收入国家和高收入国家,按照这个划分标准我国正处于由中高收入国家向高收入国家迈进的新时期。

二是从宏观背景来看,经过30多年的改革开放,我国已经形成了既独具特色和优势、又符合市场经济通行原则的经济体制,市场机制在我国资源配置中的基础性作用日益凸显。特别是党的十八届三中全会明确提出:要使市场在资源配置中起决定性作用。这既表明党中央加快深化市场化改革的决心,更表明未来我国市场化改革将进一步推进。在这种历史背景下,旅游行业必然要求深化市场化改革,更好发挥市场决定作用。

三是从旅游行业发展来看,经过多年的努力我国旅游市场逐步建立和完善,可以说在全国范围内我国已经建立起比较完善的旅游市场体系和旅游产业体系,旅游市场已可以比较有效地解决旅游供给和旅游需求之间的矛盾,旅游市场已经具备配置旅游资源的功能。

同时也要看到,由于我国国民经济发展的不平衡性,我国旅游业发展也呈现出较为不平衡的特性,表现为东部地区旅游业发展迅速,旅游市场体系已基本建

立,旅游市场已可以有效配置旅游资源。而我国西部地区虽然拥有丰富的旅游资源和大量潜在的旅游需求,但是由于经济发展水平落后,旅游市场体系不健全,无法解决旅游基础设施和旅游服务设施的供给问题,要促进西部地区旅游产业的发展,仍需发挥政府对旅游业发展的主导作用。但是就全国范围而言,实施政府主导战略的环境已经改变,政府主导型旅游产业发展战略必须向市场决定型旅游产业发展战略转变。

四、实现政府与市场有效结合促进旅游健康发展

就政府与市场在产业发展中的关系而言,一般有四种类型:(1)相互替代,即两者是一种"非此即彼"和"此消彼长"的博弈关系。选择了政府发挥职能来获得一定的产出,就必然意味着放弃一定的市场作用,反之,通过市场机制来获得一定的产出,就必须放弃一定的政府职能。(2)相互补充,即一种"你中有我,我中有你"的相互融合关系。在这种互补关系中,不存在政府一定排斥市场或者市场一定排斥政府的问题。两者互为对方有效产出的必要补充条件。(3)完全排斥,即政府在某些领域永远做不了或做不好市场所能做得了或做得好的事情,只能通过完善对方而进行。(4)共同失灵,即政府做不了或者做不好的事情,市场也做不了或做不好,或者两者共同作用也做不了或做不好。旅游业发展过程中"市场失灵"和"政府失灵"现象都无法避免,有时是相互制约的,只有将政府与市场有效结合起来,才能促进我国旅游业健康发展。

(一)发挥市场的决定作用

从需求角度来看,旅游业发展的根本动因是游客多样化的旅游需求。伴随着居民收入水平的增加,旅游需求的多样化、体验性日益成为旅游消费需求演变的重要特征,而多样化的体验性旅游消费需求要求旅游产品具有复合性、差异性、知识性、延伸性、参与性和补偿性等特点,而不能停留在传统的单一性、静态性的基础上,这就要求旅游业保持开放性的特性,为旅游消费者提供各种价值的复合体。为满足旅游者对多样化体验性旅游产品的需求,促进旅游业发展,只能通过市场的价格信号,引导资源在产业间流动配置才能实现。从供给方面来看,企业对经济性的追求是推动旅游业发展的根本动力。因此,从供给与需求角度来看,实现旅游业更好更快发展必须发挥市场的决定作用。

发挥市场在实现旅游业发展中的决定性作用,必须积极稳妥地从广度和深度上推进旅游行业市场化改革,大幅度减少政府对旅游资源的直接配置,推动旅游资源配置依据市场规则、市场价格、市场竞争实现效益最大化和效率最优化;要加快推进国有旅游企业的市场化改革,健全归属清晰、权责明确、保护严格、流转顺畅的现代产权制度,要鼓励、支持、引导非公有制旅游企业发展,激发非公有制经济活力和创造力,构建真正自主经营、自负盈亏的旅游行业市场主体;要加快放松

行业管制,促进旅游业与其他产业融合发展,实现要素在不同行业之间自由地流动。然而,就目前我国的实际情况来看,当前我国行业管制现象仍比较突出,如旅游业与体育产业的融合中就遇到了体育产业严格管制的制度障碍,如果不放松或变革这些政策与管制,旅游业融合发展难以实现。

(二)发挥政府在旅游业发展中的引导作用

从宏观层面看,按照发展阶段论的观点,世界经合组织(OECD)旅游委员会提出政府参与旅游产业的发展可以分为3个阶段:启动阶段——催化剂;发展阶段——服务者;成熟阶段——协调者和中介者。这也阐释了我国在旅游业发展中政府职能转变的基本历程,符合我国国情。当前,我国旅游业发展中迫切需要实施市场决定型战略,但是并不意味着政府应无所作为,政府在实现旅游业发展中应积极发挥引导作用。

一是完善旅游宏观调控框架体系,实现旅游宏观调控的科学化。要根据旅游行业本身的特点,结合我国具体国情,不断完善我国政府旅游宏观调控框架体系,明确政府在旅游行业发展中的作用与职责,避免错位、越位和缺位。

二是制定战略规划。我国不同地区的资源禀赋、自然地理条件等差异性较为明显,各地政府应根据本地区的资源特点,明确旅游业融合发展的突破点,通过规划引导要素的流向,促进旅游业有序发展。

三是制定旅游产品标准。旅游业发展必然衍生出新的旅游产品,如文化旅游产品、体育旅游产品、农业旅游产品、工业旅游产品、科技旅游产品等。旅游行政管理部门应加快相应产品标准的制定,切实保障旅游者的合法权益。

四是提供旅游公共产品。公共产品供给是政府的重要职能,在旅游业发展过程中,旅游行政管理部门要不断完善公共信息服务体系、旅游安全保障体系、交通便捷服务体系和惠民便民服务体系,形成"大旅游"的公共服务格局。

五是加强旅游市场监管。旅游业不断发展意味着旅游新业态的不断涌现,旅游行政管理部门要通过规制市场行为和规范市场秩序,维护旅游企业竞争活动的公平、公正,为旅游业发展提供良好的市场环境。

(三)深化旅游管理体制改革

实现我国旅游发展战略的变革,关键是要改革我国政府主导型的旅游管理体制,使市场在旅游资源配置中起决定性作用和更好发挥政府引导作用。首先要进行思想上的跟进。政府必须明确,自己不是无所不能的,要明确自身的主要职能,也就是从强制性的管理转变为践行服务的理念。不管是战略规划的制定还是行业准则的完善都是为了服务于整体的旅游行业和市场参与者。同时政府部门必须明确自己行使职能的目的是为了使旅游者、潜在旅游者和旅游经营者得到更好的服务。因此,制度的制定必须从满足其需求出发而不是取决于行政官员的主观设想。同时政府部门也必须认识到自己是市场的补充,是在市场无法很好配置旅游资源的情况下,进行市场参与者主体之间的协调。在这种理念之下,政府部门就必须将目前紧紧握在手上的一些职能进行下放,进一步激活旅游行业的活力。

加强旅游行业协会的培育。通过研究国外的旅游管理体制,可知在旅游行业的管理方面,政府不是唯一的主体,我们必须培育更多的市场主体,形成一个政府、企业、公民共同参与的模式。在目前的情况下就是鼓励更多的旅游协会的形成。要做好对目前已有的旅游行业协会的支持和管理,并在此基础上鼓励形成更多的旅游相关行业协会,同时给予其参与旅游行业管理的话语权等一系列的权利。要进一步发挥协会在政府和企业之间的桥梁作用。

理清政府旅游管理的机构设置问题。旅游行业是一个涉及众多相关部门的行业,在目前本应属于旅游资源的很多资源隶属于不同的部门管理。政府应该树立大旅游的理念,统一协调好各种旅游资源,并同时针对各个地区不同的情况,指导地方性旅游部门进行不同的旅游定位,在这个定位之下,各个部门统一合作,打破部门壁垒。

发挥公民在旅游管理体制改革中的作用。公民作为旅游行业的消费者,其对于旅游行业的发展是最具有发言权的,必须把公民的作用纳入到整体旅游管理体制中,在整个国家的旅游定位以及各个地区的旅游定位中,听取公民的意见,同时在具体措施实施的过程中,加强公民的信息反馈机制。

【参考文献】

[1]王大悟,魏小安.新编旅游经济学[M].上海:上海人民出版社,1998.

[2]匡林.旅游业政府主导型发展战略研究[M].北京:中国旅游出版社,2001.

[3]赵维新.坚持与完善政府主导型旅游发展模式[J].中州大学学报,2005(10):9-14.

[4]章尚正.止言政府主导型旅游发展战略[J].安徽大学学报,2002(1):118-124.

[5]项顺贵.刍议新中国旅游发展进程中的政府主导[J].长春理工大学学报,2012(2):44-50.

[6]孙尚清.面对二十一世纪的选择——中国旅游发展战略[M].北京:人民出版社,1992:113.

[7]张辉.旅游经济论[M].北京:旅游教育出版社,2003.

Recognition of the Pattern of Development with Government as Dominant Factor on China's Tourism Industry

WU San-mang

(*School of Humanities &Economic Management, China University of Geosciences, Beijing 100083*)

Abstract: What kind of pattern of development should we adopt in tourism, as the dominant factor, market or government? It is not only a point of dispute among economists, but also a matter of concern for the people inside the tourism circle. This treatise first reviews the traditional mode of development in China's tourism, and then, tries to discuss the theoretical foundation of the Mode of Government as Dominant Factor over both points on the practical situation of our country and the stratagem of tourism development. Lastly, the treatise presents that there is an urgent need in speeding up the implementation of the market as a leading factor in tourism development

Key words: government as dominant factor; pattern; tourism industry

从微观监管到宏观调控

——政策工具视角的旅游业制度演化

唐晓云

(中国旅游研究院,北京　100005)

【摘要】 文章对1949年至2013年间国家发布的379个旅游政策文件样本按照政策工具类型进行数量统计,以全新的视角,分析了新中国成立以来我国旅游发展政策的演化历程。研究发现:①我国旅游发展政策工具呈现从微观监管向宏观调控演化的发展态势。②各种制度安排对资本、人才、科技等产业要素宏观调控政策缺位。③法规管制工具应用过溢,过分依赖微观监管。与旅游产业在市场层面的快速成长相比较,目前的旅游业制度演化进程已经相对滞后,并对产业发展形成了一定程度的制约。建构适应旅游业发展水平的宏观调控体系,将行业管理从微观监管转向宏观调控是对新时期旅游业两大战略建设的呼应,也是旅游部门职能转变的必然要求。

【关键词】 微观监管;宏观调控;政策工具;旅游政策

近年来,旅游业进入大众化发展新阶段,产业体系日臻成熟、政府部门面向散客化主导的国民旅游市场提供的公共服务供需矛盾扩大、非理性的项目投资缺乏有效引导,原有以微观监管为主的行业管理模式由于调控着力点低,无法对产业发展面临的上述诸多问题形成有效的制度供给,一定程度上制约了市场机制在资源配置中的作用发挥,客观上降低了主管部门对行业的领导力,已经不再适应旅游产业发展需要。在这一背景下,旅游产业宏观调控呼声日益高涨。但一个产业的发展制度有其自身演化规律,论文将在系统梳理新中国成立以来各项旅游发展政策的基础上,归纳总结演化进程和发展规律,分析宏观调控的存在空间和可能趋势。

[基金项目] 国家社科基金后期资助(12FGL009)、国家社科基金重大项目(10ZD&051)、国家自然科学基金项目(41001381)。

[作者简介] 唐晓云(1976—),女,广西桂林人,博士、副研究员,研究方向为旅游产业经济与政策、旅游影响。E-mail: tcloudy@163.com。

一、引言

旅游业的发展往往是制度和市场共同推动的结果。制度作为一种生产性资产和社会资本,亦是充分释放市场过程中企业家活力的框架和实现经济增长的关键[1]。在产业发展实践中,国家往往通过颁布相关政策法规来对产业发展作出相应的制度安排。旅游业的发展也不例外。国际上,对旅游发展过程中国家层面制度安排的研究由来已久。这些研究大致可以分为三类。一是对旅游发展的促进政策、规范与限制政策、发展方向引导政策进行研究。在促进政策研究方面,大卫·安吉尔(David L. Edgell,1983)[2]、阿基诺·斯绪尔德(Akira Soshiroda,2005)[3]等人分别对美国和日本的国家旅游产业促进政策做了研究。在规范与限制政策研究方面,约斯特·克瑞帕德夫(Jost Krippendorf,1982)[4]、斯特凡·戈斯林(Stefan Gössling,2010)[5]等人对大众旅游背景下,旅游无限制增长的风险进行了评估。在旅游发展方向引导政策的研究方面,罗伯特·史密斯(Robert Smyth,1986)[6]、埃尔伍德 L. 谢弗和崔殊荣(Elwood L. Shafer & Youngsoo Choi,2006)[7]、林恩·米那特(Lynn Minnaert,2009)[8]等分别就旅游政策与社会就业、科普教育、低收入群体救助的关系进行了研究。二是对旅游相关政策制定、执行与实施的研究。J. R. 布伦特·瑞奇(J. R. Brent Ritchie,1988)[9]、加里·阿克哈斯特(Gary Akehurst,1993)[10]等分别就欧洲旅游发展中社区居民参与等问题的政策制定展开探讨。汤姆·鲍姆(Tom Baum,1994)[11]还对旅游发展政策进行了国别研究,指出经济因素是导致各国旅游政策差异的主要原因。王丹和约翰·Ap(Dan Wang & John Ap,2013)[12]的研究表明在中国,政策的成功实施取决于当地旅游管理机构的能力及其对相关部门的统筹能力。三是对旅游政策的效果的评估。刘翠华、李铭辉(Chui - Hua Liu & Ming - Huei Lee,2012)[13]提出了混合多目标决策模型的旅游政策评估方法,该模型可用于识别相关旅游政策的尺度、标准的优先顺序。孟宪明和马欣达·斯瑞沃德(Xianming Meng & Mahinda Siriwardana,2013)[14]运用一般均衡模型(CGE)对新加坡旅游政策有效性进行了评估,发现降低消费税是最有效的旅游促进政策。

从国内看,旅游发展政策的研究主要集中于对国际经验的推介、政策框架设计和政策绩效的定性分析三个方面。第一,早期研究注重对国际经验的推介。蔡万坤(1984)[15]、刘伟(1988)[16]、杨森林(1995)[17]、王云才(2002)[18]等向读者介绍了日本、美国和欧盟等地的旅游政策。第二,研究对象以旅游政策的制定依据和框架设计为主,对政策执行与实施的研究相对缺乏。张广瑞(2005)[19]、杨泸(2005)[20]、罗明义(2008)[21]、杨春宇(2011)[22]等对我国旅游发展政策框架进行了探讨。戴斌(2009)[23]提出了大众化旅游新阶段的旅游政策演化方向。第三,研究方法以定性为主。刘耀、吴仁海(2007)[24]从战略环评的角度对黄金周制度的设计缺陷进行了定性评价,黄飞、袁燕生(2008)[25]以乡村旅游政策为例探讨了农业政策的绩效。舒小林(2011)[26]对贵州省各阶段政策效用进行了定性评价。郑芳、米文宝(2013)[27]也指出,在旅游政策制定过程中,应该实施定量的效果预测与评估。

应该说,在制度与旅游业发展的关系研究领域已经形成了不少成果。国内外的研究差异在于,就国际范围而言旅游政策研究范畴较广,研究方法多样,定性与定量相结合。国内的旅游政策研究以定性方法为主,在政策制定与执行、政策效果评估研究方面成果很少。文章将以我国新中国成立以来的旅游发展政策文本为样本,尝试对每个样本的政策工具进行量化统计分析,以揭示我国的旅游政策演化路径和未来发展趋势。

二、研究方法及样本选择

文章引入公共政策分析的一些基本方法,选取新中国成立以来的旅游发展政策为样本,对我国各阶段的旅游发展政策的政策工具进行统计分析,诠释政策演化的路径及特征,归纳旅游发展政策演化的内在规律。研究过程为:第一,按照样本选取规则确定分析样本,建立政策样本库。第二,对政策样本按照颁布的年度进行编号。第三,对政策样本的政策工具进行分类统计。第四,对结果进行归纳总结,得出新中国成立后我国旅游发展政策的演进历程及内在规律。

研究选取的政策样本包括法律、行政法规、部门规章、国务院规范性文件和部委规范性文件五大类。具体包括全国人大常委会颁布的法律,国务院颁布的条例、规定、决定、办法、细则、意见、纲要、通知等,国家旅游局及相关部委发布的规定、决定、办法、细则、意见、通知、公告、纲要等。样本选取范围包括:一是旅游专项政策,包括旅游综合政策、产业政策及旅行社、酒店、景区等旅游要素政策;二是与旅游活动密切相关的政策,包括出入境政策、休假制度、航空及铁路部门等对旅游活动产生重大影响的政策;三是服务业及其他行业中涉及旅游的政策。政策样本选取的时间跨度从1949年新中国成立起到2013年7月底。样本来源于国家旅游局网站,国家旅游局政策法规司主编的《中国旅游法规全书》,魏小安、曾博伟主编的《旅游政策与法规》,人民网中国法律法规数据库,以及国家信息中心法规信息处国家法规数据库。研究共获得379个政策文件样本,按照大致每5年一个阶段来进行时段划分,对不同阶段的政策工具进行分析,寻找政策演化规律。

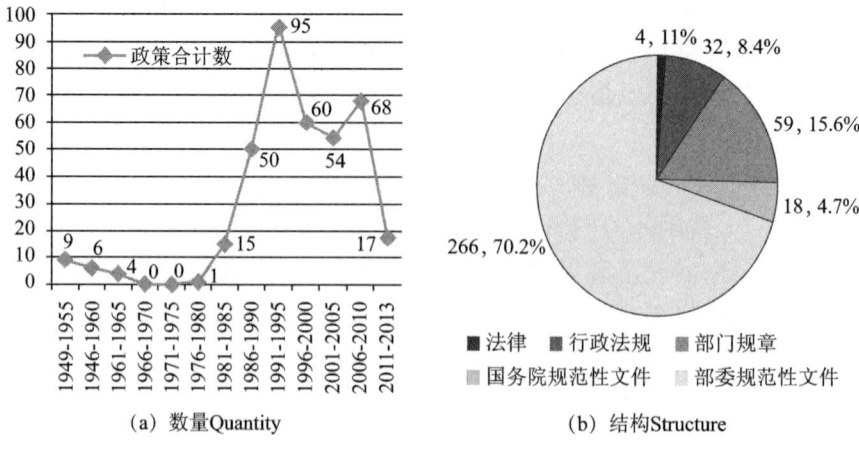

(a) 数量Quantity　　　　　　(b) 结构Structure

图1　1949—2013年我国旅游发展政策数量及结构

379个政策样本的类型统计结果如表1所示。按照政策文件颁布的部门来分,全国人大及其常委会先后颁布旅游相关法律4部①,占总数1.1%。国务院发布的行政法规及各项规范性文件35项,占总数9.2%。各部委及直属机构发布的相关政策340项,占总数89.7%。按照政策文件的性质分,由全国人大及其常委会颁布的法律4部,占总数1.1%。国务院以条例、规定、决定、办法、细则和暂行办法/条例等形式公布的行政法规,以及立法实施前由国务院批准经部委公布的条例和细则,共计32项,占总数8.4%。国务院各部委及其直属机构等以命令、办法、指示、规章等形式发布的部门规章59项,占总数的15.6%。国务院以意见、纲要、通知、复函等形式发布的规范性文件18项,占总数的4.7%。国务院各部委及其直属机构等以意见、通知、复函等形式发布的规范性文件266项,占总数的70.2%,如图1(b)所示。

表1　1949—2013年我国不同类型旅游政策的数量

类型	法律	国务院政策文件									各部委政策文件							合计
		条例	规定	决定	办法	细则	暂行办法/条例	意见	纲要	通知	规定	决定	办法	暂行规定/办法	意见	细则	通知	其他	
数量	4	6	2	6	4	1	4	2	1	9	16	9	28	39	29	12	150	57	379

---

① 四部法律分别为:《中华人民共和国公民出境入境管理法》(1985,已废止)、《中华人民共和国外国人出境入境管理法》(1985,已废止)、《中华人民共和国出境入境管理法》(2012)和《中华人民共和国旅游法》(2013)。

三、基于工具的旅游政策分析框架

(一) X 维度:基本政策工具维度

政策工具是达成政策目标的手段。根据罗斯韦尔(Rothwell)和塞哥菲尔德(Zegveld)的理论,将基本政策工具分为供给、环境和需求[28]三种类型。供给型政策工具又细分为科技信息支持、基础设施建设、资金投入等,环境型政策工具可细分为目标规划、金融支持、税收优惠、法规管制等,需求型政策工具则包括政府采购、服务外包、贸易管理等几个方面。供给型和需求型政策工具对旅游产业发展起直接的推动或拉动作用。环境型政策工具则起间接的影响作用。如图2所示。

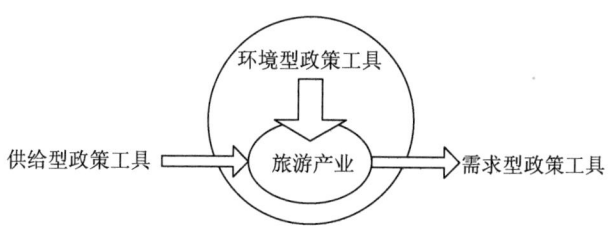

图2 政策工具与旅游产业发展作用关系

(二) Y 维度:时间顺序维度

制度和市场对旅游业的推动作用往往具有阶段性特征。其一,国民旅游的发展是由经济社会的发展状况决定的。一个国家国内旅游要发展,就需要有内生的国民旅游消费需求。而国民旅游消费的市场基础是与国民的可支配收入紧密相连的。根据国际经验,一国的人均 GDP 达到 3000 美元后,会进入国内旅游急速增长期。其二,国际旅游的发展往往是经济、政治等因素共同作用的结果,具有较强的阶段性特征。我国旅游发展经历了从旅游事业到旅游产业的过程。国家对旅游产业的推动是从改革开放后发展入境旅游开始的,其目的在于增加外汇收入。之后发展出境旅游,与平衡国际贸易逆差有一定关系。其三,旅游业属性较为复杂,在不同的阶段可能肩负不同的历史使命。从新中国成立后我国旅游业的发展实践看,我国旅游业先后经历了服务国家外交、创汇、经济型产业、经济与社会兼并型产业几个不同的阶段。在不同阶段服从国家战略的需要,其产业属性有阶段性变化。这些阶段性的属性变化存在一定的时间序列特征,往往与国家每个五年计划有较强的关系。因此,研究在分析过程中建立了时间维度,将新中国成立后到 2013 年期间的时间按照五年计划进行划分,建立 Y 维度分析框架,对每五年的政策工具进行统计分类,以探索制度对我国旅游业发展的作用规律。

（三）旅游政策的 X - Y 二维分析框架

将政策工具和时间两个维度整合形成 X - Y 二维分析框架，如图 3 所示。X 坐标表示政策工具类型，Y 坐标表示时间轴线，每个点代表一个五年计划，在 X - Y 坐标平面的每个点表示在某个五年计划内的政策工具类型。通过对每个五年计划期间的各种政策工具进行频数统计，观察时间轴上政策工具数量的阶段变化，从而通过归纳各类政策工具的变化规律来获得新中国成立以来我国旅游政策的演化规律。

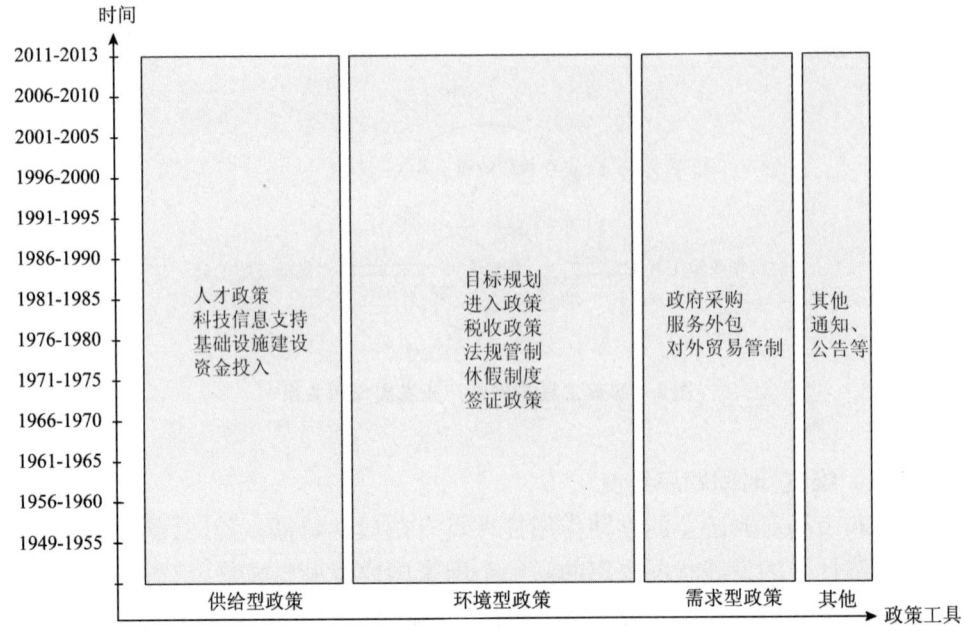

图 3　旅游发展政策的 X - Y 二维分析框架

四、基于政策工具的旅游文本统计分析

（一）基本政策工具维度

研究对 379 个政策文件样本从政策工具的视角进行了分类统计，政策工具被划分为供给、环境和需求三大类型。供给型政策工具又细分为人才政策、科技信息支持、基础设施建设、资金投入四项。环境型政策工具被细分为目标规划、金融政策、税收政策、法规管制、休假制度、签证政策六项。需求型政策工具则被细分为政府采购、服务外包、贸易管理三项。统计过程中，一些综合性政策文件往往包括多种政策工具，因此研究以政策文件的主体内容对其工具类型进行划分。环境型政策中增加的休假制度、签证政策两项是根据旅游产业的基本特性而单独列出

的政策工具类型。统计结果如表2所示。

表2 1949—2013年我国旅游发展政策的政策工具类型

类型	供给型政策				环境型政策						需求型政策			其他	合计
	人才政策	科技/信息支持	基础设施建设	资金投入	目标规划	金融政策	税收政策	法规管制	休假制度	签证政策	政府采购	服务外包	对外贸易管制		
数量	35	12	7	4	11	5	8	104	4	20	0	0	69	100	379
比率	9.2	3.2	1.8	1.1	2.9	1.3	2.1	27.4	1.1	5.3	0.0	0.0	18.2	26.4	100

从表2的统计结果看,我国旅游政策以环境型政策为主(40.1%),其次为需求型政策(18.2%),再次是供给型政策(15.3%)。进一步分析发现:第一,供给型政策工具匮乏,资金投入(1.1%)、基础设施建设(1.8%)、科技与信息支持(3.2%)非常少。即使相对较多的人才政策,也仅为9.2%,且绝大多数都是关于导游人员资格考试、导游证及导游培训等内容,对产业发展所需的各类技术人才、经营管理人才、科研人才的政策几乎空白。这一政策导向与我国旅游产业发展过程中基础设施建设滞后、旅游经营管理人才和创新型高级人才缺乏的局面相一致。第二,环境型政策工具以法规管制为主,占总数的27.4%,其次是签证政策(5.3%),其他的如目标规划(2.9%)、金融政策(1.3%)、税收政策(2.1%)等工具运用很少。签证政策几乎是对国际旅游影响最大的政策工具,在我国旅游产业发展过程中运用较多。但从产业发展实践看,我国目前的签证政策总体供应不足,远未能满足国际旅游发展的市场需求。第三,需求型政策工具以对外贸易管制为主,占总数的18.2%,其他的政府采购和服务外包等政策工具基本空白。这些对外贸易管制主要是针对国际旅游领域,包括计划经济时期对外汇的管制、入境旅游的价格管制、入境旅游收付汇管理措施,以及后期的国际旅行服务对外贸易经营者管理制度,等等。这些管制政策在特殊时期发挥了重要作用,目前已经逐渐退出。

(二)时间—政策工具的维度

对379个政策文件样本按照既定的政策工具细分方法来进行阶段统计,结果如图4所示。从三类政策工具的整体演化情况看,供给型旅游发展政策在"八五"计划后呈现下降趋势;环境型旅游发展政策则出现波动,有增有减;需求型政策工具也呈现增减不一的状况,值得一提的是,政府采购和服务外包两个政策工具基本空白。进一步深入分析发现:一是供给型政策先增后减。其中,信息与科技支持、资金投入两个工具的应用有所增加,专项人才政策工具呈现先增后减趋势。二是环境型政策波动变化。目标规划、税收政策工具有所增加,法规管制政策工具表现为先增后减趋势,专项的签证政策逐期递减。三是需求型政策持续下降。主要表现在"七五"计划后对外贸易管制政策工具总体下降趋势。四是其他类型的未归类政策工具波动较大。从政策样本库看,这些未归类的政策工具中,通知、公告等部委规范性政策文件呈现逐年上升的态势。上述各项政策工具的波动变化是我国旅游发展政策阶段变化的基本体系。

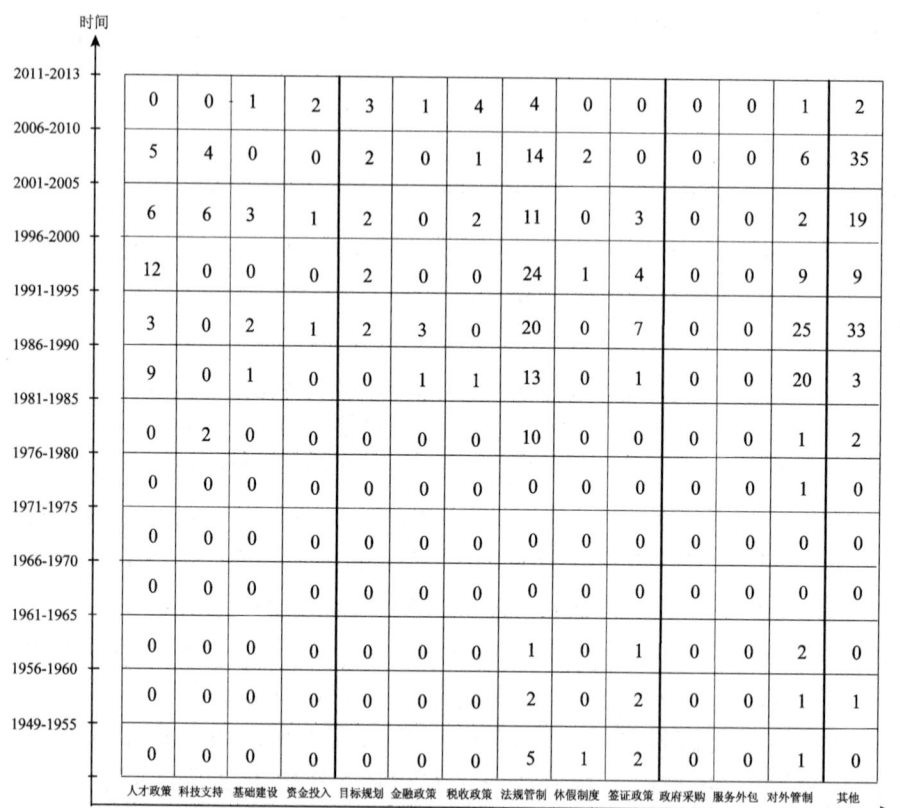

图4 旅游发展政策在X-Y坐标上的分布

五、结论与建议

(一)研究结论

通过对新中国成立以来我国379项旅游发展政策的统计分析发现,我国旅游发展政策在政策工具应用上微观管制过多、宏观调控缺位的矛盾仍然十分突出。具体结论如下:

1. 政策工具呈现从微观监管向宏观调控演化的发展态势

政策工具的变化体现了政府职能的转变。从统计结果看,新中国成立后我国旅游发展的政策工具逐步由单一的行政命令发展成为通过制定国家和行业标准、评优等来引导、指引企业和规范市场,实现了由政府管制、主导、引导到服务和监督的职能转换。旅游行政管理的范畴也逐渐由规范旅游从业人员、旅游企业扩展到统筹协调产业发展、维护旅游消费者和经营者合法权益,关注和满足人民大众的旅游需求上来。旅游发展政策的 X-Y 二维分析表中,目标规划、信息支持、税收政策等宏观调控及公共服务的政策工具应用日益增加,而法规管制、对外贸易管制两类微观监管政策工具日益减少也体现了这一发展趋势。

2. 各种制度安排对资本、人才、科技等产业要素宏观调控政策缺位

一方面公共基础设施、科技创新体系等产业基础建设投入严重不足,人才要素方面过于关注导游而忽略了产业人才。时至今日,旅游业技术创新的相关政策仍然缺位,产业创新体系建设滞后,产业信息化水平和创新能力远不能满足发展需要。另一方面,金融、财税等宏观调控工具仍无法真正惠及旅游业。融资难、歧视性税费问题仍然是制约旅游企业发展的难题。正如魏小安所言:"各类宏观政策对旅游来说是种不大公平,旅游业是在一种半歧视性的政策环境中成长起来的。"当然,这与旅游主管部门的职能范围受限密切相关。但在国家层面,旅游业要担当起战略性支柱产业的重任还需要多部门来合力推动。

3. 法规管制工具应用过溢,过分依赖微观监管

从新中国成立之初到目前出台的旅游相关法律法规、行政规章等政策文件多达 104 项,占总数的 27.9%。其中有大量关于旅行社、导游的法规和行政规章,对产业主体管得过细、过死,一定程度上制约了产业发展。对外贸易管制这一需求型政策工具应用过多也是事实。由于国际旅游与外交、外汇等政治及经济因素关系密切,极易成为管控的对象。总的来看,受一些客观因素的影响,我国旅游业发展政策过于依赖微观监管,对资本、科技、人才等生产要素的宏观调控能力有限,不能很好地与阶段旅游发展政策目标相配合,还有很大的改善空间。

可以说,与旅游产业在市场层面的快速成长相比较,目前旅游业的制度演化进程已经相对滞后,并对产业发展形成了一定程度的制约。建构适应旅游业发展水平的宏观调控体系,将行业管理从微观监管转向宏观调控是对新时期旅游业两大战略建设的呼应,也是旅游部门职能转变的必然要求。

(二)政策建议

各种制度安排有力地推动了旅游发展,但客观地讲,旅游业发展的制度设计有结构性失衡之嫌,产业发展的政策环境仍然有较多的束缚和制约。即使到现在,很多地方的旅游企业在用水、用电、用气等费税上面仍高于一般工业企业,轻资产的旅游企业仍面临融资难题,旅行社参与政府采购和服务外包的规定的落实,以及旅游企业用地的障碍等诸多制度障碍仍有待在未来的制度设计中逐步解决。可以预计,《旅游法》颁布之后,我国旅游业将进入提质发展的全新阶段。在

产业层面,服务与技术创新是引导未来产业效率提升的基本方向,大到产业的内部分工和商业模式的变化,小到产品类型和服务方式的转变,各种制度、技术和市场推动的创新将持续涌现,产业创新体系的制度设计应当受到充分重视,与之配套的金融、财税等政策也应相应创新。在市场层面,日益增长而变化的国民旅游休闲需求,将成为政策设计不能回避的问题,休假及相应的福利制度等方面需要新的突破。在管理层面,随着政府职能的转变和旅游产业范畴的扩张,宏观调控和公共服务业将成为旅游管理的基本内容,产业国际化及国际话语权的争夺将成为政策新的着力点,休假政策、签证政策还有较大的调整空间。总之,旅游产业的良性运行有赖于社会经济系统的各种制度安排,过去和现在如此,未来仍会如此。

致谢:北京第二外国语学院研究生叶琴、高远两位同学在本研究的数据整理和文献校对过程中,付出了大量辛勤劳动,特致谢忱。

【参考文献】

[1] 柯武刚,史漫飞. 制度经济学:社会秩序与公共政策[M]. 韩朝华,译. 北京:商务印书馆,2000:142 - 147.

[2] David L. Edgell. United States international tourism policy[J]. Annals of Tourism Research,1983(10):427 - 434.

[3] Akira Soshiroda. Inbound tourism policies in Japan from 1859 to 2003[J]. Annals of Tourism Research,2005(32):1100 - 1120.

[4] Jost Krippendorf. Towards new tourism policies:The importance of environmental and sociocultural factors[J]. Tourism Management,1982(3):135 - 148.

[5] Stefan Gössling. National emissions from tourism:An overlooked policy challenge? [J]. Energy Policy,2013(59):433 - 442.

[6] Robert Smyth. Public policy for tourism in Northern Ireland[J]. Tourism Management,1986(7):120 - 126.

[7] Elwood L. Shafer, Youngsoo Choi. Forging nature - based tourism policy issues:A case study in Pennsylvania[J]. Tourism Management,2006(27):615 - 628.

[8] Lynn Minnaert, Robert Maitland, Graham Miller. Tourism and social policy:the value of social tourism[J]. Annals of Tourism Research,2009(36):316 - 334.

[9] J. R. Brent Ritchie. Consensus policy formulation in tourism:Measuring resident views via survey research[J]. Tourism Management,1988(9):199 - 212.

[10] Gary Akehurst, Nigel Bland, Michael Nevin. Tourism policies in the European community member states[J]. International Journal of Hospitality Management,1993

(12):33-66.

[11] Tom Baum. The development and implementation of national tourism policies [J]. Tourism Management,1994(15):185-192.

[12] Dan Wang, John Ap. Factors affecting tourism policy implementation: A conceptual framework and a case study in China[J]. Tourism Management, 2013(36):221-233.

[13] Chui-Hua Liu, Gwo-Hshiung Tzeng, Ming-Huei Lee. Improving tourism policy implementation - The use of hybrid MCDM models[J]. Tourism Management,2012(33):413-426.

[14] Xianming Meng, Mahinda Siriwardana, Tien Pham. A CGE assessment of Singapore's tourism policies[J]. Tourism Management,2013(34):25-36.

[15] Cai Wankun. Viewing the tourism development in China from the tourism policy and management system of Janpan[J]. Contemporary Economy of Janpan, 1984(5):49-53.][蔡万坤.从日本旅游政策和管理体制看我国旅游事业的发展[J].现代日本经济,1984(5):49-53.]

[16] Liu Wei, Wu Yali trans. US Government Policy on International Tourism [J]. Tourism Tribune, 1988(1):73-76.[刘伟,吴雅丽译.美国政府对国际旅游的政策(摘译)[J].旅游学刊,1988(1):73-76.]

[17] Yang Senlin, Donner,A. Dineen. Tourism Policy Foundation and Objective in the European community member states[J]. Tourism Tribune, 1995(5):48-50.[杨森林,多纳尔,A.迪宁.欧盟旅游业的政策基础及目标[J].旅游学刊,1995(5):48-50.]

[18] Wang yuncai. On the Policy Experience and Reference from the Development of International Rural Travel[J]. Tourism Tribune, 2002(4):45-50.[王云才.国际乡村旅游发展的政策经验与借鉴[J].旅游学刊,2002(4):45-50.]

[19] Zhang Guangrui. Sober Judgment on China's Outbound Tourism Boom: Argument for Future China's Outbound Tourism Policy [J]. Finance & Trade Economics, 2005(7):87-91+97.[张广瑞.中国出境旅游热的冷静思考——关于中国出境旅游发展政策的辨析[J].财贸经济,2005(7):87-91+97.]

[20] Yang Lu. System Assignment Will Effect the Exploit Efficiency of Tourism Resource[J]. Journal of Tibin University, 2005(11):34-37.[杨泸.制度安排对景区旅游资源利用效率的影响[J].宜宾学院学报,2005(11):34-37.]

[21] Luo Mingyi. Thinking about the Establishment and Improvement China's Tourism Policy[J]. Tourism Tribune, 2008(10):6-7.[罗明义.关于建立健全我国旅游政策的思考[J].旅游学刊,2008(10):6-7.]

[22] Yang Chunyu. Chinese Tourism Evolutionary Path Analysis and Theoretical

System Construction: Based on the New Game Pattern View[J]. Journal of Business Economics, 2011(12):76-83. [杨春宇. 中国旅游制度变迁机制及其理论体系构建研究——基于新博弈格局视角[J]. 商业经济与管理, 2011(12):76-83.]

[23] Dai Bin, Xia Shaoyan. On Operational Characters and Policy Orientation in China's Development stage of Mass Tourism[J]. Tourism Tribune, 2009(12):13-17. [戴斌, 夏少颜. 论我国大众旅游发展阶段的运行特征与政策取向[J]. 旅游学刊, 2009(12):13-17.]

[24] Liu Yao, Wu Renhai, Liao Ruixue. The Analysis of the "Golden Week" System in China from the Perspective of SEA[J]. Environmental Science and Management, 2007(8):13-16. [刘耀, 吴仁海, 廖瑞雪. 从战略环评角度分析中国的"黄金周"制度[J]. 环境科学与管理, 2007(8):13-16.]

[25] Huang Fei, Yuan Yansheng. The Use and Performance analysis of China's Agricultural Policy: A Case Study of Rural Tourism Policy[J]. Rural Economy and Science-Technology, 2008(6):35+37. [黄飞, 袁燕生. 我国农业政策手段的运用与绩效分析——以乡村旅游政策为例[J]. 农村经济与科技, 2008(6):35+37.]

[26] Shu Xiaolin. A Study on the Evolution and Tendency of Tourism Policy in Underdeveloped Areas: A Case Study of Guizhou Province[J]. Technoeconomics & Management Research, 2011(2):100-105. [舒小林. 欠发达地区旅游政策演变及趋势展望——以贵州省为例[J]. 技术经济与管理研究, 2011(2):100-105.]

[27] Zheng Fang, Mi Wenbao, Wen Qi. The Application and Research Progress of Environmental Economic Policy in the Development of Tourism Economy[J]. Ecological Economy, 2013(4):128-131. [郑芳, 米文宝, 文琦. 旅游经济发展中的环境经济政策应用及研究进展[J]. 生态经济, 2013(4):128-131.]

[28] Roy Rothwell, Walter Zegveld. Reindusdalization and Technology[M]. Logman Group Limited, 1985:83-104.

Institutional Evolution of Tourism from Micro Regulation to Macro Regulation and Control
——Based on Perspective of Policy Tool

TANG Xiao-yun

(*China Tourism Academy, Beijing 100005, China*)

Abstract: This paper analyzes, from a new perspective, the evolutionary process of China's tourism development since the founding of the PRC based on 379 tourism policy document copies from 1949 to 2013 issued by the State in accordance with the types of policy tools. The paper found that: (1) The development of China's tourism policy tools presents an evolutionary trend which changes from the micro – regulation to the macro – control. (2) There is a lack of macro – control policies for capital, talents, technology and other industry factors when arranging various systems. (3) There exists a phenomenon that regulatory control tools and micro supervisions are used excessively. Compared with the fast – growing of tourism industry in market segments, current process of institutional evolution of tourism has been lagging behind, bringing a certain degree of control to the industry's development. Building the macro control system to accommodate the level of tourism development and leading the industry management to macro and control regulation from micro regulation is both a response to the construction of two strategies of tourism in the new era and an inevitable requirement for tourism sector's functional transformation.

Key words: micro – regulation; macro regulation and control; policy instruments; tourism policy

财政支持旅游业发展的国际经验及其对我国的启示

胡抚生

(中国旅游研究院,北京 100005)

【摘要】随着我国旅游业的快速发展,各级政府对旅游业重视程度逐步提高,财政在旅游业发展过程中的作用越来越重要。但相较于发达国家和地区,我国财政支持旅游业发展仍有一定的差距。本文在总结财政支持旅游业发展的国际经验基础上,分析了我国财政支持旅游业发展的现状以及不足,并提出完善我国财政支持旅游业发展的政策建议。

【关键词】财政支持;旅游发展;国际经验;启示

随着旅游业发展越来越受到重视,近年来,从中央到各级地方政府对旅游业发展给了包括财政投入、减税等较多的财政政策支持。然而,我国财政在支持旅游业发展过程中,仍有一些需要完善之处。本文总结了支持旅游业发展的财政政策的国际经验,分析了我国财政支持旅游业发展的现状和不足,并借鉴国际经验提出了关于我国财政支持旅游业发展的思路。

一、支持旅游业发展的财政投入国际经验

(一)政府重视对旅游业的财政投入

从国际上来看,发达国家政府对旅游业发展均高度重视,一些国家通过将旅游业纳入国家战略发展体系,出台法律法规或是专门的旅游行动计划来支持旅游业的发展,如美国的《旅游促进法》、加拿大的《魁北克宣言》、印度的《国家旅游政策》、日本的《推进观光立国基本法》、韩国的《观光基本法》均将旅游业发展纳入国家战略。同时,各国注重财政对旅游业发展的引导作用,印度2012—2013年度财政预算中,旅游业分配的资金达128.2亿卢比;2010年,美国财政部建立了旅游推广基金,拨款1000万美元作为启动资金;澳大利亚政府通过的《旅游质量补助计划》和《旅游产业区域发展基金补助计划》,计划四年内共投入约9000万澳元支持旅游业发展;俄罗斯联邦政府为2012年中国"俄罗斯旅游年"活动拨款1.36亿

[作者简介] 胡抚生(1977—),男,江西临川人,管理学博士,中国旅游研究院副研究员,主要研究方向为旅游政策与发展战略,旅游金融。

卢布;日本政府2012年度投入旅游领域的资金总额为2221.6亿日元;韩国建立了旅游振兴基金。

表1 各国出台财政支持旅游业的政策

国家	财政支持政策
美国	2010年出台《旅游促进法》。
加拿大	2003年,《魁北克宣言》为加拿大旅游的长期发展制定了四项战略目标,为联邦、省和地区当前及今后的合作设立了重点。
澳大利亚	2011年实施《旅游质量补助计划》,2012年实施《旅游产业区域发展基金补助计划》。
俄罗斯	2011年出台了《2011—2018年俄罗斯联邦国内游和入境游发展纲要》。
韩国	1975年出台《观光基本法》。
日本	2006年12月通过《推进观光立国基本法》。
印度	2002年出台的《国家旅游政策》,鼓励财政之外的社会资金进入旅游业。

资料来源:根据国家旅游局各驻外办提供资料整理。

(二) 财政主要投入于旅游基础设施和公共服务领域

从国际经验来看,政府财政主要是用于具有公共产品属性的旅游基础设施、旅游公共服务以及旅游市场培育等方面。如加拿大财政主要投入于旅游基础设施建设、旅游形象宣传、旅游促销、地区性旅游发展项目、节事活动、旅游人力资源开发等。如日本财政投入旅游业主要用于国际促销活动、旅游交流经费、基础设施建设、自然和文物遗产保护、旅游环境保护以及"旅游圈"景区的财政补助;美国财政主要支持旅游业基础设施建设、海外市场促销以及推动旅游业可持续发展等方面。而对于通过市场能够解决的景区、饭店、交通、住宿、旅游电子商务等产品开发,政府不进行干预,完全交由市场来解决。而对于市场解决不了的问题,政府才积极介入,以弥补市场的不足。通过政府"有形的手"与市场"无形的手"较好地分工与合作,推动了旅游业的健康、可持续发展。

表2 各国财政投入旅游业发展的领域

国家	财政投入旅游业的领域
美国	旅游基础设施、旅游可持续发展、海外市场促销等。
加拿大	大型旅游活动、旅游经营、人力资源开发、区域旅游发展、宣传促销、旅游基础设施建设、旅游中介组织运营等。
德国	旅游宣传推广、旅游基础设施、旅游研究、乡村旅游开发、水上旅游推广、无障碍旅游推广、康体旅游推广、青年人旅游产品开发等。
俄罗斯	旅游基础设施、旅游宣传推广、重要旅游项目、贷款贴息等。

续表

国家	财政投入旅游业的领域
韩国	旅游资源开发、大型旅游节事活动等。
日本	振兴国际旅游市场、海外宣传促销、旅游基础设施建设、环境保护、特色文化旅游活动等。
印度	旅游基础设施、海内外旅游宣传推广、特色旅游项目、旅游协会活动等。

资料来源:根据国家旅游局各驻外办提供资料整理

(三)政府投入与市场投入相互结合

尽管发达国家和地区的经济相对发达,但政府财政能力也是有限的,往往对旅游业发展的支持是出台相关政策,通过少量的财政资金去引导社会资金的投向。如瑞士联邦旅游局奉行"少花钱、多办事、市场化"的原则,工作重点放在开拓市场上,除瑞士旅游局的少量投入外,其他资金通过各种外部渠道筹集,吸引有兴趣的企业直接参与。俄罗斯2011年出台的《2011—2014年俄罗斯联邦政府投资预算》中,明确规定具体引导投资措施有,每个投资项目的投资金额数目可在30~50亿卢布之间,其中政府投资金额占联邦总预算的20%~25%,其他资金通过社会资金来解决。德国联邦政府除对旅游业给予财政资金外,还鼓励各地区申请"欧洲区域发展基金"、"欧洲复兴计划专项基金"促进当地旅游业发展。英国政府鼓励英国旅游局以及其他旅游组织根据投入海外市场的资金量来相应地吸收资金支持。政府每投入一英镑,英国旅游局就会争取合作伙伴贡献等值的资金用于市场推广。澳大利亚对得到旅游质量补助计划和旅游产业区域发展基金补助计划资助的企业或地区或项目,必须至少提供等额的配套支持。

表3 各国投入旅游业发展的资金来源

国家	旅游业资金来源
美国	来源于联邦政府财政预算资金以及社会募集资金。
加拿大	来源于联邦政府财政预算资金。
德国	来源于联邦政府财政预算,少部分来自各州和旅游业界。还有其他资金来自"欧洲区域发展基金"、"欧洲复兴计划专项基金"。
俄罗斯	来源于中央和联邦地方行政部门财政预算。
韩国	来源于国家的正常预算(一般年度预算),主要是韩国居民出国时征收的出国税及博彩业特别税(赌场营业收入的10%);国家特别预算,用于平衡地域旅游开发;旅游振兴基金三种渠道。
日本	来源于财政省预算资金。
印度	来源于中央财政预算资金,部分资金还来自于各邦(区)政府、行业团体、旅游企业以及外来投资。

资料来源:根据国家旅游局各驻外办提供资料整理

二、支持旅游业发展税收政策的国际经验

(一)税收政策是刺激旅游业发展的重要手段

从国际经验来看,通过税收政策来刺激旅游企业的发展是较为有效的手段。加拿大政府2011年发起了名为"低税收创造就业与经济增长"的第二阶段加拿大经济行动计划,其中与旅游业相关的政策是通过向小型企业提供临时雇工免税额鼓励企业招收新雇员,以及通过实施职业技术和专业考试税务减免鼓励技术认证等,并实施了与旅游业直接相关的名为"国际会议和旅游奖励项目"的税收刺激政策。日本出台《国际旅游宾馆整顿法》,通过税收杠杆鼓励投资兴建旅游住宿设施。印度对星级饭店、旅行社和旅游批发商均给予了相关的税费优惠政策。德国2009年由经济技术部推动联邦政府提议,并经议会批准了住宿业减税政策,降低了酒店的经营成本。通过为旅游业提供更为优惠的税收政策,在一定程度上刺激了旅游相关产业的发展,更好地满足了旅游消费市场的需求。

表4 各国支持旅游业发展的税费优惠政策

国家	税收优惠政策
加拿大	加拿大实施了与旅游业直接相关的名为"国际会议和旅游奖励项目"的税收刺激政策。该项目对加拿大境内举办的会议使用特定场所以及非加拿大居民短期入境旅游住宿部分所缴纳的商品服务税和统一销售税进行一定比例的返还。
德国	德国采取住宿业减税政策,自2010年开始,大幅降低所有住宿业(含酒店、家庭旅馆等各类住宿设施)的增值税,由之前的19%降至7%。
英国	对家具齐全的房屋假日出租业务实行适当减税政策。
日本	根据《国际旅游宾馆整顿法》,凡投资兴建宾馆、旅馆等住宿设施者,可以免交固定资产税。
印度	(1)饭店、旅行社与旅游批发商的外汇收入的50%免征所得税。外汇收入若用于旅游项目再投资,也可免所得税。(2)乡村、丘陵地区以及朝圣饭店利润的50%免征所得税,其他地区的饭店免税比例为30%,大城市饭店除外。(3)各邦(区)政府规定了饭店食宿奢侈税免税限额。(4)对首都区及周边区域、世界遗产区的饭店和会议中心给予五年免税期。

资料来源:根据国家旅游局各驻外办提供资料整理

(二)征收旅游消费税是抑制奢侈性旅游消费的重要方式

尽管目前较多国家给予旅游业较多的税收优惠政策,但也有一些国家和地区为了抑制出境旅游的发展以及旅游奢侈消费行为,而专门出台了一些针对旅游消费的税收政策,如英国、韩国、爱尔兰、我国台湾地区对出境游客征收的出境旅游税,日本、印度则对旅游奢侈消费行为进行征税。一方面,通过征收旅游消费税增加了旅游业发展的资金来源,另一方面,又可以在一定程度上起到抑制奢侈消费、合理引导旅游消费的作用。

表 5 各国出台抑制旅游奢侈消费的税收政策

国家	征收与旅游相关的税费
英国	开征飞行旅客税,目的是减少英国公民出国旅游的需求量,根据航线长短以及舱位不同,分为 A、B、C、D 四个等级,征税额度在 24～170 英镑之间。
日本	2012 年 3 月,日本正式通过消费税增税法案,将于 2014 年将消费税由目前的 5% 提高到 8%,2015 年 10 月再提高到 10%。
韩国	针对韩国公民出国时征收出国税。
印度	一些邦(区)征收饭店食宿奢侈税,税率从 4% 至 20% 不等。
爱尔兰	征收国际航空旅行税和国内航空旅行税,税率为 3 欧元。

资料来源:根据国家旅游局各驻外办提供资料整理

三、财政支持旅游业发展的国内现状及不足

(一)我国财政支持旅游业发展的现状

1. 中央对旅游业的发展给予了积极的财政支持

一是中央财政对旅游业发展逐年增加资金支持。自 1990 年开征旅游发展基金以来,中央对旅游发展基金的征收及使用给予了积极支持,旅游发展基金额度逐年增多。2012 年,国家旅游发展基金已达到 7.61 亿元。此外,中央每年还从国债资金、财政促进服务业发展专项资金、扶持中小企业发展专项资金、外贸发展基金以及节能减排专项资金、扶贫基金等专项资金中安排部分资金支持旅游业发展。

二是加大了税费优惠支持力度。2000 年出台的《国务院关于实施西部大开发若干政策措施的通知》,2007 年出台的《财政部国家税务总局关于将西部地区旅游景点和景区经营纳入西部大开发税收优惠政策范围的通知》,2011 年财政部、海关总署、国家税务总局联合出台的《关于深入实施西部大开发战略有关税收政策问题的通知》均明确提出要对西部地区包括旅游业在内的鼓励类企业给予所得税减免政策,这项政策已经得到了较好的落实。此外,2009 年出台的《国务院关于加快发展旅游业的意见》中,也提出对旅游企业不合理的收费要进行相应的减免。

三是加大了中央财政的转移支付力度。对于中西部地区、民族地区、革命老区和一些特殊区域,中央财政加大了均衡性转移支付力度,并针对这些地区的特点,给予了不同的财政支持。如对于支持海南的发展,《国务院关于推进海南国际旅游岛建设发展的若干意见》还提出:"同时在其他一般性转移支付和专项转移支付,特别是革命老区转移支付、边境地区转移支付等方面,加大对海南的支持。"

四是出台了与财政相配套的支持旅游业发展的政策。《国务院关于加快发展旅游业的意见》中除了财政支持旅游业发展的相关政策外,还包括金融、土地、改革开放、便民惠民等方面的发展举措,与财政政策相互配合共同支持旅游业的发展。

2.各级地方政府重视并发挥财政支持旅游业发展的作用

一是出台加快支持旅游业发展的政策文件。全国有28个省区市要将旅游业打造成为战略性支柱产业或先导产业,各省也积极出台了支持旅游业加快发展的文件和政策,还有一些地方出台财政方面支持旅游业发展的政策,如福建出台《旅游设施建设项目财政贴息资金管理暂行办法》,北京市先后出台《会奖旅游奖励资金管理办法(试行)》、《旅游商品扶持资金管理办法(试行)》、《旅行社入境旅游奖励资金管理办法(试行)》,湖南省出台《关于加快旅游项目建设培育旅游市场主体的意见》、《旅游重点建设项目贷款贴息补助资金管理办法》等。

二是地方加大了旅游业发展资金的投入。北京、河北、黑龙江、天津、内蒙古、辽宁、吉林、重庆、福建、江西、新疆、西藏等省区市均加大财政投入,大幅增加了旅游产业发展专项资金。北京旅游发展专项资金将达到每年10亿元的规模;福建省每年加大旅游专项资金投入,到2015年要达到3亿元规模;江苏省2011、2012年度省级财政安排的旅游发展引导资金达到5.5亿元;新疆维吾尔自治区2011年旅游专项资金达到1亿元,以后逐年递增,到2015年达到2亿元。

三是在税费减免方面给予支持。全国多数省区市对旅游企业在地方税费方面给予较多的政策优惠,主要包括土地出让金的减免,营业税减免,旅游宣传促销费用、旅游商品生产企业研发费和技术改造费的税前扣除等。

3.财政支持重点领域主要是旅游基础设施和公共服务领域

从中央层面来看,旅游发展基金主要用于支持旅游宣传促销、行业规划发展研究、旅游事业补助、中西部地区项目开发补助等。从地方层面来看,地方财政投入的重点领域主要有旅游重大项目建设、旅游基础设施建设、扶持旅游小微企业的发展(如农家乐、渔家乐等)、旅游产业规划研究、旅游宣传促销(包括对旅游客源市场的奖励)等,部分地方还通过财政投入引导旅游新业态的发展。可以看出,无论是中央财政还是地方财政,对于旅游基础设施和旅游公共服务体系的建设都是重点支持的。

4.财税政策创新逐步成为支持旅游业发展的重要力量

尽管我国多数省份主要依靠传统的财税政策手段来支持旅游业的发展,但从近几年发展趋势来看,不断创新财税手段,加快推动旅游业发展已经成为很多地方的共识。以海南为例,海南2011年在全国率先实行离境退税和离岛免税政策,大大促进了旅游业的发展。海南省2010年接待国内旅游者2521万人次,入境旅游者66万人次;在实施了旅游购物免(退)税的2011年,海南接待国内旅游者2920万人次,同比增长15.8%;入境过夜旅游者81万人次,同比增长23%左右[①]。旅游购物免(退)税的政策极大促进了海南旅游业的发展。此外,有较多地方政府

---

① 数据来源:2010年、2011年海南国民经济与社会发展统计公报。

积极打造以市场化为主导的旅游产业发展基金平台,目前北京、重庆、湖南、海南、云南、新疆等省份已成立了市场化程度较高的旅游产业投资基金平台。

(二)财政支持旅游业发展的不足之处

1. 财政投入难以满足旅游业快速发展的需要

随着我国旅游业的快速发展,旅游业的市场化程度进一步提高,高星级酒店、高端度假区投资日益受到市场资金的追捧,而与此同时,适合国民大众和普通旅游者的消费需求,如经济型和廉价的旅游住宿、旅游景区、旅游交通、大众娱乐、连锁餐饮却长期得不到市场资金投入,难于得到发展,旅游基础设施和旅游公共服务体系建设也明显滞后。究其原因,在于市场往往以利润为导向,热衷于追捧高收益的旅游产品,而对于利润不多或者毫无利润可言的旅游基础设施、旅游公共服务体系却乏人问津,这需要财政资金的投入,以弥补市场的不足。从目前来看,中央层面的旅游专项资金仅有旅游发展基金,且规模偏小,难以满足全国旅游业的发展需求。同时,西部地区由于自身经济欠发达,自身的财政资金也相对有限,也缺乏吸引市场资金的能力,不足以支持旅游业的发展。

2. 中央财政支持和引导地方旅游业发展的功能弱化

中央财政层面的旅游发展基金并非是简单的中央对地方旅游业的财政转移支付,而是要通过旅游发展基金补助引导地方旅游产品和项目的开发,引导地方旅游业的发展方向。由于旅游发展基金总体规模偏小,对地方旅游业发展的支持能力也较为有限,激励相对不足。2012 年,旅游发展基金对地方转移支付仅有 5.72 亿元①,平均每个省份不足 2000 万元的补助金额,相对于一些旅游大项目动辄几十亿、上百亿的规模,显得杯水车薪,同时,与一些地方旅游专项资金上亿甚至 10 亿以上的资金规模相比,显得激励不足。这使得中央财政对于地方旅游业的支持进一步弱化,也难于起到激励和引导地方旅游业发展的作用。

3. 未能清晰界定政府与市场的边界

一些地方政府虽然重视财政对旅游业的投入,但是并未能清晰界定哪些是政府行为,哪些是市场行为,大包大揽建设旅游投融资平台,对大项目、高端旅游产品的建设投入大量的财政资金,而旅游基础设施和公共服务体系建设却往往缺乏有效的投入。这使得政府"有形的手"和市场"无形的手"不能各司其职,不能充分发挥自身应起到的作用。

4. 缺乏有效的绩效管理评价体系

目前各级财政支持旅游业的绩效管理体系尚不健全,难以对各年度旅游发展资金的使用效率、投入是否合理做出科学的评估,往往使得财政资金配置不合理,资金使用效率低下,不能充分发挥出财政"四两拨千金"的作用。

---

① 数据来源:2012 年度中央政府性基金支出决算表

四、财政支持旅游业发展的国际经验对我国的启示

(一)明确各级财政支持旅游业发展的机制安排

做好顶层设计,进一步优化中央财政和各级地方财政在支持旅游业发展中的分工与合作,加大中央财政对中西部地区旅游基础设施和公共服务体系建设的财政支持力度。加强中央财政对地方财政的分类指导,引导地方财政更加科学地支持旅游业的发展。同时,明确各级财政支持旅游业的重点产业领域。对于具有公共服务性质的旅游基础设施、旅游信息服务体系、旅游交通服务体系、旅游安全保障服务体系、旅游人才建设等领域,财政投入要给予长期的重点支持。对还处于市场培育阶段的乡村旅游、红色旅游、旅游新业态等领域中小微企业,明确财政支持周期,在发展初期可以采取以奖代补、项目补贴、税费减免等方式支持,待市场逐步成熟后财政要及时退出,通过市场支持产业的发展。

(二)加大中央财政对旅游业的投入

2013年10月正式实施的《旅游法》第二十四条明确规定:"国务院和县级以上地方人民政府应当根据实际情况安排资金,加强旅游基础设施建设、旅游公共服务和旅游形象推广。"事实上,旅游发展资金一直未纳入中央公共财政支出预算,中央层级相对稳定的旅游发展资金仅有旅游发展基金。2013年3月出台的《国务院机构改革和职能转变方案》明确提出:"取消不合法不合理的行政事业性收费和政府性基金项目,降低收费标准。"此后出台的《国办关于实施〈国务院机构改革和职能转变方案〉任务分工的通知》,进一步提出了由财政部、发展改革委分别会同其他相关部门于2014年6月底前完成清理不合理不合法的政府性基金工作。而旅游发展基金将于2015年底到期,届时将面临可能被清理的局面。而一旦旅游发展基金被清理,则缺乏中央层面的旅游专项发展资金,这既不符合《旅游法》的要求,也使得旅游基础设施和公共服务体系建设面临较多的资金缺口。因此,有必要加大中央财政对旅游业发展的支持,将旅游发展资金纳入中央财政年度预算。现有的旅游发展基金仅有7亿元,一旦将旅游发展基金年度资金需求纳入中央财政预算,不会挤占其他必要的国计民生资金。并应根据经济发展情况,逐年加大中央财政对旅游业的投入。

(三)发挥市场配置资源的决定性作用,引导社会资金进入旅游业

贯彻落实十八届三中全会精神,引导民间资本投入旅游业的各领域,放宽市场准入门槛,在加大财政投入的同时,要更加注重发挥市场对资源配置的决定性作用,为旅游业提供更多的市场资金支持。同时,创新旅游业投融资机制,鼓励地方建立市场化的旅游产业发展基金,吸收社会各类资金共同运作旅游投资基金,将投资后的收益用于补助旅游发展基金的不足。通过市场化的机制形成旅游业发展的稳定资金来源。

(四)加大对旅游业发展的税费政策支持力度

在落实好现有旅游业发展税收优惠的基础上,将旅游企业减税纳入国家结构性减税改革,进一步加大对旅游业的减税力度,积极研究当前"营改增"政策对旅游企业的消极影响并完善相关政策,尤其是对于在"营改增"过程中税赋成本增加的旅游企业,要给予补贴,切实减轻旅游企业税费负担。同时,要进一步清理针对旅游企业的不合理收费,研究适当降低对旅游企业的收费标准,全面落实宾馆饭店与一般工业企业同等的用水、用电、用气价格政策。

【参考文献】

[1]程行云.政府性基金管理现状、存在的问题和清理规范建议[J].价格理论与实践,2013(8).

[2]戴学锋,巫宁.中国出境旅游高速增长的负面影响探析[J].旅游学刊,2006(2).

[3]戴学锋.基于国际比较的中国出境旅游超前发展初探[J].旅游学刊,2012(9).

[4]戴斌,蒋依依,杨丽琼,马仪亮.中国出境旅游发展的阶段特征与政策选择[J].旅游学刊,2013(1).

International Experiences of Fiscal Support for Tourism Development and Its Inspiration to China

HU Fu-sheng

(*China Tourism Academy*, Beijing 100005)

Abstracts: With the rapid development of the tourism industry in China, Governments at various levels have paid more attentions to tourism, and fiscal support has played a more important role in tourism development. But compared with the developed countries and regions, some disparities still exist in China. Based on summarizing the international experiences of fiscal support for tourism industry, this article analyses the present situation and deficiencies of fiscal support for tourism industry in China. Finally, some advice on improving fiscal support for tourism development is given.

Key words: fiscal support; tourism development; international experience; inspiration

海南旅游业碳排放估算及低碳发展的政策建议

吴 普

(中国旅游研究院,北京 100005)

【摘要】 国务院对海南世界一流的海岛休闲度假旅游目的地和全国生态文明建设示范区的定位与低碳发展是一脉相承、互为促进的。以旅游业为龙头,以现代服务业为主导的特色岛屿经济结构决定了旅游业的低碳发展事关海南低碳发展的全局;同时旅游的低碳化发展也是海南旅游业持续发展的内在要求与根本保障。独特的地理区位、岛屿经济结构、世界一流的海岛休闲度假旅游目的地定位等使海南旅游呈现高碳态势。据粗略估算,2012 年海南旅游交通能源消耗量为 79.15PJ,排放二氧化碳 14.302Mt;住宿业消耗能源 2.207PJ,排放二氧化碳 9.54×10^7 kg。旅游业能耗与排放占全省总量的比重分别约为 15% 和 25%,成为海南能耗和排放的重要领域和部门。为此,要从立法、规划、财税、技术、试点和宣传等六个重点方面入手,出台相应的政策、措施,保障旅游业的低碳发展。

【关键词】 海南;旅游;低碳发展;政策建议

一、海南旅游业低碳发展的必要性和紧迫性

(一)特色的岛屿经济结构决定了旅游业的低碳发展事关海南低碳发展全局

低碳发展与海南世界一流休闲度假旅游目的地和全国生态文明建设示范区[1]是相辅相成、互为促进的,是海南推进产业结构调整,实现跨越式发展的积极探索;有助于保护海南的生态环境,改善人们的生活质量,促进人与环境的和谐;有利于节约能源,提高能源效率,优化能源结构。为此,海南省人民政府 2010 年出台《海南省人民政府关于低碳发展的若干意见》。旅游业是海南省国民经济的支柱产业。2012 年海南省全年旅游总收入 379.12 亿元,占全省 GDP 比重为 13.28%。旅游业是海南服务业的龙头,并形成以旅游业为龙头,现代服务业为主导的特色经济结构。2012 年,海南服务业的比重达到 46.9%,高于全国的平均水

[基金项目] 本研究受国家自然科学基金项目(41101044)资助。
[作者简介] 吴普(1979—),男,地理学博士,中国旅游研究院副研究员,主要研究方向为低碳旅游与旅游业节能减排、旅游规划与管理。

平(44.6%);第三产业增加值1340.12亿元,占GDP比重46.9%,高出全国平均水平近4个百分点[2]。因此,不同于全国其他地区,海南旅游业的低碳发展事关海南经济低碳发展全局。

(二)旅游业低碳发展是海南旅游业持续发展的内在要求与根本保障

从全国来看,海南旅游的吸引力在于一是全国唯一的热带地区,全年无冬,适宜避寒;二是具有优良的空气和生态环境。在全球变暖背景下,伴随着我国工业化、城镇化双加速发展,优良的空气和生态已经成为稀缺的公共品,甚至成为旅游吸引物,在旅游目的地中发挥越来越重要的作用[3-4]。据统计[2],2012年海南城镇环境空气质量优良天数比例为100%。所有监测城市(镇)的环境空气质量均达到或优于居住区空气质量要求的国家二级标准,有96.4%的监测日环境空气质量符合国家一级标准,达到自然保护、风景名胜区的空气质量水平。环境空气中主要污染物二氧化硫、二氧化氮浓度符合国家环境空气质量一级标准。全省94.2%的监测河段、83.3%的监测湖库达到或优于可作为集中式生活饮用水水源地的国家地表水Ⅲ类标准;所有开展监测的绝大部分城市(镇)集中式生活饮用水水源地水质均符合国家集中式饮用水水源地水质要求。海南岛绝大部分近岸海域处于清洁状态,一、二类海水占91.1%,92.5%的监测海域水质符合水环境管理目标的要求。

可见,低碳发展是海南旅游业发展的内在要求,如果不走持续发展、低碳发展道路,海南旅游业将失去持续发展保障。

(三)独特的区位和战略定位使海南旅游发展呈现高碳态势

独特的区位条件,增加了海南旅游的碳排放。一方面,独特的区位形成了以旅游业为支柱的岛屿特色经济结构,使得旅游业成为碳排放的重点领域和部门。另一方面,独特的离岸区位使得旅游者进出岛主要交通工具依赖飞机。调查显示,84.6%的旅游者乘飞机赴琼旅游。空中交通,特别是长途飞行是旅游业能源消耗和排放的主体[5,6]。世界旅游组织最新研究显示,旅游业对全球温室气体排放负有5%的责任,其中飞行占到了3%[7]。与海南区位较类似的新西兰,国际游客飞行能源消耗占到了国家总消耗的6%[8]。

海南旅游业发展的战略定位使得海南旅游业呈现高碳态势。海南旅游业发展的战略定位是世界一流的海岛休闲度假旅游目的地。面向世界的定位意味着要增加国际游客的比重,则必然会增加国际长距离飞行,产生较多的航空排放;一流的含义则是高端、国际标准,奢华的酒店等旅游配套设施必然增加旅游业的能耗及排放。定位于海岛休闲度假旅游目的地则主推海洋海岛休闲度假活动,如海上运动、邮轮游艇、高尔夫等,相比观光和其他陆地旅游项目,海洋休闲度假属于高碳产品[详见表1(a)~表1(c)]。

表1(a) 台湾地区不同类型旅游活动的能源消耗及二氧化碳排放量

旅游活动	能源消耗(MJ/游客)	二氧化碳排放(g/游客)
观光	8.5	417
历史遗址参观	3.5	172
风景观光	8.5	417
使用动力的水上活动	236.8	15300
游泳	26.5	1670
自然观察	8.5	417
皮划艇运动	35.1	2240
钓鱼	26.5	1670

资料来源:Kuo & Chen,2009[9];Becken et al(2002,2003)[8,10]

表1(b) 新西兰不同类型旅游活动的能源消耗(2000)

旅游活动	能源消耗(MJ/游客)
直升机滑雪	1300
观光飞行	340
潜水	800
乘船水上观光	165
航行(动力)	140
导游漫步	110
探险活动	57
皮划艇运动	36
体验中心	29
动物园	16
博物馆	10
游客服务中心	7

资料来源:Becken et al(2002)[11]

表1(c) 新西兰不同类型旅游活动的能源消耗(2003)

旅游活动		能源消耗(MJ/游客)
吸引物	建筑:博物馆/艺廊、历史遗址	3.5
	公园:植物园、动物园	8.4
	文娱活动:体验中心、贡渡拉小舟	22.4
	产业:农业观光、其他农业吸引物、酒庄探访	11.5
	自然吸引物:地热吸引物、萤火虫岩洞	8.5
娱乐	表演:电影院、音乐会、毛利人表演、剧院	12.0
	其他:酒吧、赌场、购物	6.9
活动	空中活动:空中体育运动、空中观光、空中观鲸	424.3
	使用动力的水上活动:喷水推进艇、帆船、海钓、观鲸	236.8
	探险活动:蹦极、爬山、直升机滑雪、皮船、山地自行车、皮划艇	35.1
	自然活动:脚踏车、海豚、骑马、高尔夫、湖钓、健步、野生	26.5

资料来源:Becken et al.,(2003)[10]

二、海南旅游业能耗与碳排放

参照国内外相关研究[6,12-13],本研究从旅游交通和住宿业两个方面来估算海南旅游业能源消耗与碳排放量。

(一)旅游交通能耗与排放

1. 旅游交通能耗

2012年,全省旅客周转量503.67亿人公里,增长6.5%(见表2)。

表2 2012年海南省旅客周转量及其增长速度

指标	单位	绝对数	比上年增长(%)
旅客运输周转量	亿人公里	503.67	6.5
铁路	亿人公里	25.03	持平
公路	亿人公里	147.63	0.5
水运	亿人公里	3.15	1.9
民航	亿人公里	327.86	10.1

数据来源:《2012年海南省经济和社会发展统计公报》[2]

因海南经济欠发达,旅游业是其支柱产业,据调查,赴琼旅客中85.4%的人是旅游度假(见表3)[14]。

表3 赴琼旅客旅行目的调查

旅行目的	游览休闲	商务会议	疗养	其他
比例	85.40%	10.60%	0.35%	3.65%

另据与海南旅游主管部门及旅游一线从业人员访谈,赴琼航班中80%以上旅客为旅游者。据此,设定旅客运输周转量中与旅游相关的比例为80%,即2012年海南与旅游相关的旅客周转量为402.936亿人公里。调查显示,赴琼游客仅有0.6%是乘坐火车的,14.8%乘汽车,主要交通工具为飞机(见表4)。

表4 赴琼旅客乘坐交通工具调查

交通工具	飞机	火车	汽车
比例	84.60%	0.60%	14.80%

数据来源:《海南旅游客源市场调研调查报告》[14]

根据国外多项研究[15-19],汽车每人每公里耗能为1.8MJ,飞机为2.0MJ,公交为0.7MJ,火车为1.0MJ。水运旅客周转量仅占旅客总周转量的6%,而水运能耗强度与飞机、公路和铁路相比又是最低的,因此本文在最终估算中忽略了水运的能耗。

在确定了不同交通方式出游比例、旅客周转量及交通方式单位能耗数据等参数后,即可计算旅游交通能源消耗。表5显示,2012年海南旅游交通消耗能源79.15PJ,其中飞机能耗68.18PJ,占交通能耗的86.13%。

表5 海南旅游交通能源消耗(2012年)

交通方式	出行距离(10^8 pkm)	单位公里能耗(MJ/pkm)	能源消耗(PJ)
飞机	340.884	2.0	68.1768
火车	2.417	1.0	0.2417
汽车	59.635	1.8	10.7343
总计	402.936	-	79.1528

备注:$1MJ = 10^6 J$;$1PJ = 10^{15} J$

2. 旅游交通碳排放

依据上文各交通方式出行比例和英国环境保护部二氧化碳排放因子,初步估算2012年海南旅游交通二氧化碳排放量为14.302Mt(见表6)。

表6　海南旅游交通二氧化碳排放量

交通方式	出行距离 (10^8pkm)	二氧化碳排放指数[a] (gCO_2-e/pkm)	二氧化碳排放量 (Mt)	各交通方式排放 比例(%)
飞机	340.884	396	13.499	94.39
火车	2.417	65	0.016	0.11
汽车	59.635	132	0.787	5.50
总计	402.936		14.302	100

注:"a"来自英国环境保护部2008年温室气体转换因子手册

由表6可知,乘飞机旅行造成的二氧化碳排放占旅游交通总排放的94.39%,是旅游交通二氧化碳排放的主要来源,与世界旅游组织等相关研究结论一致[6-7,20]。

(二)住宿业

1. 住宿业能耗

按照商务部《住宿业业态分类(征求意见稿)》国家标准,住宿业业态根据目标客源需求的不同可分为政(公)务饭店、商务饭店、度假饭店、会议饭店、旅游饭店、主题饭店、精品饭店、交通饭店、长住饭店(公寓)、家庭饭店(旅馆)十大类。根据我国旅游业现状,我国旅游住宿业业态主要包括星级饭店、汽车旅馆、乡村旅馆、度假村等。全国及地方旅游统计年鉴中关于旅游住宿业的统计数据主要是针对星级饭店,因此这里主要估算海南省星级饭店能源消耗情况。

2012年海南省旅游星级饭店经营情况统计数据见表7:

表7　2012年海南星级酒店经营情况统计

星级	一季度				二季度				三季度				四季度			
	饭店数量	客房数(间)	床位数(张)	实际出租间夜数	饭店数量	客房数(间)	床位数(张)	实际出租间夜数	饭店数量	客房数(间)	床位数(张)	实际出租间夜数	饭店数量	客房数(间)	床位数(张)	实际出租间夜数
一星	5	318	575	16476	5	318	575	14099	5	318	575	15819	5	318	575	15438
二星	15	1214	2297	54889	15	1219	2279	46146	16	1283	2407	42528	17	2639	5107	54840
三星	81	9244	16979	532562	82	9327	17180	419910	78	9271	16957	397197	77	10917	24136	561873
四星	48	11611	20921	770648	45	10997	19623	495915	35	7929	13743	377022	44	10825	19267	658027
五星	21	9278	14883	503062	21	9101	14675	343518	21	9522	15035	377777	21	9455	14834	491310
总计	170	31665	55655	1877637	168	30962	54332	1319588	155	28323	48717	1210343	164	34154	63919	1781488

数据来源:阳光海南网

旅游饭店能源消耗主要是水、气、电的消耗,通过将饭店年消耗的水、电、气按照一定转换系数,就可转换为饭店年能源消耗量。但不同国家/地区,这个转换系数是不同的。下表给出全球部分国家/地区饭店单位能耗值(见表8)。

表8 全球部分国家/地区饭店单位能耗

单位能耗(MJ/张夜)	区域/参考年	来源
155	新西兰,1998—2000	Becken et al.(2001)[5]
51	西班牙马略卡岛,2001	Simmons and Lewis(2001)[21]
87	塞浦路斯,2001	Simmons and Lewis(2001)[21]
11	香港,1994	Burnett(1994)[22]
36~108	塞舌尔,1993	UK CEED(1994)[23]
221~916	桑给巴尔,1999	Gössling(2001)[24]
256	桑给巴尔,饭店平均,1999	Gössling(2001)[25]
200	德国,1982	Brunotte(1993)[26]

在估算全球饭店业能源消耗时,Gössling 取单位能耗平均值为 130MJ/床晚[6]。考虑到海南常年较高的气温及高星级休闲度假酒店能耗高于传统酒店等因素,参照同类型岛屿目的地并结合其他研究[5],本研究星级饭店单位能耗值 β_i 取 200MJ/床晚,估算海南星级饭店能源消耗。

依据以上分析,估算2012年海南星级饭店能源消耗为2.207PJ(见表9)。

表9 海南星级饭店能源消耗(2012年)

年份	床位出租量[a](百万张夜)	能源消耗(PJ)
2012	11.03455717	2.207

注:"a"床位出租量=实际出租间夜数×床位数(张)/客房数(间)

2. 住宿业碳排放

参照国外相关研究[6,19],取饭店每张床每夜二氧化碳排放量数据为43.2 g/MJ。则2012年海南星级饭店二氧化碳排放量为 95.4×10^6 kg(约0.1Mt)。

三、海南低碳旅游发展的重点与政策建议

(一)探索低碳旅游立法

在《节约能源法》、《清洁生产促进法》、《可再生能源法》、《循环经济促进法》、《气候变化国家评估报告》以及《海南省人民政府关于低碳发展的若干意见》基础

上,尽快出台《推进低碳旅游发展的指导意见》,并争取充分利用海南经济特区立法权,使之成为地方性法律文件,从而依法保障低碳旅游的发展。

(二)制定低碳旅游发展规划

旅游业能源消耗占全省能源消耗15%左右,二氧化碳排放约占到总排放量的1/4,成为海南低碳经济发展的重点行业与部门。并且,从长远来看,旅游业无论是现状的存量和将来的增量都呈增长态势。因此,有必要高度重视并制定中长期的低碳旅游发展规划,提出低碳旅游的目标、重点和保障措施等,提出低碳旅游的统计和考核指标,并作为国际旅游岛发展规划中的引导指标。

(三)加大财税支持力度

从减排角度,整合财税政策,加大财税扶持力度。探索设立碳预算、碳基金及碳交易平台,并尽快研究开征赴琼旅游环境税或碳税,推进排污权有偿取得和交易制度改革。

(四)重视节能减排技术的推广应用

技术是节能减排的关键所在。重视在旅游业运营的各个环节对节能技术的推广应用,如全过程的合同能源管理与能源审计,分部门的绿色交通、绿色建筑、绿色照明、循环水等。

(五)加强试点工作

低碳旅游是个新生事物,目前仍处在摸索阶段,因此,要强化试点工作,做好示范。选择海口和三亚作为低碳旅游城市试点,探索建设低碳建筑、交通、社区和照明等经验;选择保亭、海口永兴镇和博鳌开展低碳旅游城镇建设试点,探索城镇低碳产业发展经验等;选择呀诺达热带雨林景区作为低碳景区试点,开展低碳景区评价机制、相关标准及统计监测体系探索,推动景区开发和运营低碳化操作,特别是景区内建筑和交通系统的低碳化,努力营造低碳旅游文化环境。

(六)宣传引导低碳旅游行为

利用电视、报纸等传统媒体和微博、博客、QQ等新兴传播手段,在全省宣传普及气候变化、能源和低碳旅游的知识,让市民和旅游者认识到应对气候变化、保护优良生态环境的重要性和紧迫性,提高环境意识和低碳意识,加快向低碳旅游行为的转变,如"食"——调整饮食结构、自备环保餐具、优先使用当地食材;"住"——不使用一次性洗漱用品;"行"——共乘交通工具、骑自行车或步行;"游"——自带垃圾袋,将自己产生的垃圾带回家;"购"——不买带塑料袋包装的旅游商品、优先购买有当地特色的纪念品;"娱"——选择喝茶、读书、观赏等低碳活动或种下一棵低碳纪念树。开发、推广和普及基于互联网的低碳旅游节能减排计算软件,让旅游者在每次旅游结束后,计算低碳旅游与一般旅游模式相比所减少的碳排放,从而提高旅游者降碳、节能减排的意识和能力,激发旅游者降碳、节能减排的潜力和积极性。

【参考文献】

[1] 国务院办公厅. 国务院关于推进海南国际旅游岛建设发展的若干意见. 2009.

[2] 海南省人民政府. 2012 年海南省国民经济和社会发展统计公报. 2012.

[3] 吴普. 旅游公共气象服务任重道远又大有可为. 中国气象报, 2013-02-18.

[4] 吴普. 旅游公共气象服务发展对策. 中国旅游评论, 中国旅游出版社, 2013.

[5] Becken S, Frampton C, Simmons D. Energy consumption patterns in the accommodation sector—the New Zealand case. Ecological Economics, 2001(39): 371-386.

[6] Gössling S. Global environmental consequences of tourism. Global Environmental Change, 2002, 12(4): 283-302.

[7] UNWTO. Towards a Low Carbon Travel & Tourism Sector. Report in World Economic Forum, 2009: 3-36.

[8] Becken S. Analysing international tourist flows to estimate energy use associated with air travel. Journal of Sustainable Tourism, 2002(10): 114-131.

[9] Kuo N, Chen P. Quantifying energy use, carbon dioxide emission, and other environmental loads from island tourism based on a life cycle assessment approach. Journal of cleaner production, 2009(17): 1324-1330.

[10] Becken S, Simmons D G, Frampton C. Energy use associated with different travel choices. Tourism Management, 2003(24): 267-277.

[11] Becken S, Simmons D G. Understanding energy consumption patterns of tourist attractions and activities in New Zealand. Tourism Management, 2002(23): 343-354.

[12] Schafer A. Regularities in Travel Demand: An International Perspective. Journal of Transportation and Statistics, 2000: 1-31.

[13] 石培华, 吴普. 中国旅游业能源消耗与 CO_2 排放量的初步估算. 地理学报, 2011, 66(2): 235-243.

[14] 海南旅游客源市场调研调查报告. 海南师范大学. http://wenku.baidu.com/view/6db23383ec3a87c24028c4c3.html

[15] Becken S. Vergleich der Energieintensität zweier verschiedener Reisestile. Tourismus Journal, 2001, 5(2): 227-246.

[16] Carlsson-Kanyama A, Lindén A L. Travel patterns and environmental

effects now and in the future: implications of differences in energy consumption among socio – economic groups. Ecological Economics, 1999(30):405 – 417.

[17] Lenzen M. Total requirements of energy and greenhouse gases for Australian transport. Transportation Research D, 1999(4):265 – 290.

[18] Becken S, Frampton C, Simmons D. Energy consumption patterns in the accommodation sector—the New Zealand case. Ecological Economics, 2001(39):371 – 386.

[19] Schafer A, Victor D G. Global passenger travel: implications for carbon dioxide emissions. Energy, 1999(24):657 – 679.

[20] Peeters P. Climate change, leisure – related tourism and global transport. In C. M. Hall, & J. Higham (Eds.), Tourism, recreation and climate change. Clevedon: Channel View Publications, 2005: 247 – 259.

[21] Simmons C, Lewis K. Take only memories…leave nothing but footprints. An ecological footprint analysis of two package holidays. Rough Draft Report. Best Foot Forward Limited, Oxford, 2001.

[22] Burnett J. Implementing energy efficiency and water conservation in the hotel industry. Hong Kong Hotel Association Seminar on Corporate Commitment to Energy Conservation, September 1994, Hong Kong.

[23] UK Centre for Economic and Environmental Development (UK CEED). A Life – Cycle Analysis of a Holiday Destination: Seychelles. Report No. 41/94, British Airways Environment. Cambridge, UK CEED, 1994.

[24] Gössling S. The consequences of tourism for sustainable water use on a tropical island: Zanzibar, Tanzania. Journal of Environmental Management, 2001, 61(2): 179 – 191.

[25] Gössling S. Tourism, environmental degradation and economic transition: interacting processes in a Tanzanian Coastal community. Tourism Geographies, 2001, 3 (4):230 – 254.

[26] Brunotte, M. Energiekennzahlen für den Kleinverbrauch. Studie im Auftrag desöko – Instituts. Freiburg, Germany, 1993.

Estimate of Carbon Emission and Policy Recommendations on Low – carbon Development in Hai'nan Province's Tourism Industry

WU Pu

(*China Tourism Academy, Beijing 100005, China*)

Abstract: The State Council's policy on Hai'nan's tourism development has always been to make the province a world – class island leisure destination and a symbol of national ecological civilization construction. These two goals go hand in hand and function as a mutual stimulation. Low – carbon development tourism is vital to a low – carbon economy in Hai'nan due to the island's unique economic structure and dependence on its leading industry – tourism. A low – carbon tourism development is also an internal requirement and a fundamental guarantee for a sustainable development of the island's tourism industry. However, the island's geographical location, its economic structure and development orientation make tourism an industry producing a high level of carbon emission. Based on a rough estimation, Hai'nan tourism – transportation sector may have consumed approximately 79.15PJ of energy and had CO_2 emission of 14.302Mt in 2012. The hotel sector's use is about 2.207PJ with CO_2 emission amounting to 9.54×10^7 kg. And in total, the energy use of tourism – related sectors in Hai'nan may be in the order of 15% of total energy consumptions in the whole province. Meanwhile, CO_2 emission corresponds to about 25% of the total emission in Hai'nan province. The results show that tourism is major sector of energy use and CO_2 emission in Hai'nan. Thus, the policy recommendations about law, planning, fiscal, technology, pilot and propaganda have been suggested. The author hopes those recommendations could ensure Hai'nan tourism industry's low – carbon development.

Key words: Hai'nan province; tourism; low – carbon development; policy recommendations

经济带建设背景下丝绸之路旅游发展政策研究

尹贻梅

(北京联合大学旅游学院,北京　100101)

【摘要】 丝绸之路旅游历来是世界重要的旅游线路,受到世界性旅游组织与机构及沿线各国的重视。在当今丝绸之路经济带建设新的背景下,探索发展丝绸之路沿线旅游业,再一次成为值得政府和学界关注的焦点话题。本文首先分析了丝绸之路经济带发展旅游业的重大战略意义,然后总结了丝绸之路经济带沿线,包括中国西北五省、中亚五国以及俄罗斯等国家和地区的旅游业发展概况,最后在透视丝绸之路经济带旅游合作面临的挑战和问题的基础上,提出相应的发展政策。

【关键词】 丝绸之路经济带;旅游发展;政策

2013年9月国家主席习近平访问中亚五国时提出,中国希望同中亚国家深入合作、共同建设"丝绸之路经济带",这为丝绸之路沿线经济的崛起提供了契机。丝绸之路经济带东起西安,沿途经我国陕西、宁夏、甘肃、青海和新疆5个省区,进入哈萨克、乌兹别克、塔吉克、吉尔吉斯、土库曼等中亚五国和俄罗斯,影响范围涉及东亚、中亚、南亚、西欧和北非等区域。丝绸之路在历史上是连接东西方文明的重要桥梁,促进了沿线各民族、各地区之间的经济联系和文化交流,加强了内地汉族与西域各族的团结,共同开拓了祖国的西北边疆,对巩固祖国的统一起了巨大推动作用。然而时至今日,连接繁荣的东亚经济圈和发达的欧洲经济圈的丝绸之路,却成为经济发展的凹陷带,经济落后、人民生活贫困,昔日繁华不复存在。利用丰富的矿产资源、能源资源、土地资源和人力资源,发挥优势,挖掘潜力,成为丝绸之路沿线各国的共同诉求。由于丝绸之路沿线拥有众多的历史文物、古迹、壮丽自然风光和多民族文化等宝贵的旅游资源,加之在历史上就是文化交织、人员流动的大通道,开展旅游活动无疑能够促进区域商贸繁荣和社会经济发展,因此,在丝绸之路经济带建设新的背景下,探索发展丝绸之路沿线旅游业,再一次成为

[基金项目] 本文是国家自然基金项目(编号:41201116)的研究成果之一。

[作者简介] 尹贻梅(1974—),女,汉族,黑龙江宝泉岭人,博士。现任北京联合大学旅游学院副教授,研究方向:旅游业与区域发展。E-mail: yinyimei@buu.edu.cn。

值得政府和学界关注的焦点话题。

一、丝绸之路经济带旅游业发展的重大战略意义

(一)推进丝绸之路沿线旅游产业发展,有利于维护中亚和我国西北地区地缘政治安全

中亚地区由于其特殊的地理位置和丰富的矿产、油气资源,历来是大国博弈之地,是当前及今后世界大国和国家集团争夺战略能矿资源和平衡地缘政治格局的焦点地区。美国、欧盟和日本等大国以经济援助、合作开发资源和反恐等作为借口,纷纷介入中亚五国。目前,美国、欧盟、日本等大国势力已渗透到中亚五国的各个经济领域,并在优势能矿资源的开发方面掌握了主动权和部分控制权。如美国2006年和2011年先后提出"大中亚计划"和"新丝绸之路计划",寻求用大规模投入基础设施等软手段,扩大在阿富汗、西亚、南亚的影响,继而对整个中亚地区的地缘政治和地缘经济态势产生影响。中国西北地区与中亚国家,民族成分相连,宗教信仰相同,所持语言相通,风俗习惯相近,血缘关系相亲,彼此在民族、宗教、文化方面有强烈的认同感。发展丝绸之路沿线旅游业,有助于进一步促进该地区的文化交流和地区政治经济的和谐发展,有助于维护中亚和我国西北边疆地区地缘政治安全。

中亚是我国重要的毗邻地区,我国和中亚国家有3000多公里的陆地边界。中亚地区的稳定和发展直接关乎我国西北边疆的安全和发展,对我国的国家安全具有特殊重要的意义。由于历史的原因,中亚地区沉积多年的民族主义、泛伊斯兰主义和泛突厥主义,发展成为极端主义、民族分裂主义和恐怖主义,这"三股势力"在中国新疆地区得到了民族分裂分子的响应,成为影响我国西北边境地区安全、经济发展和社会稳定的重大隐患。中亚保持一个稳定发展的态势,对我国西北的地缘国家安全有着直接和重大意义。发展丝绸之路经济带旅游产业有利于促进沿线人民收入提高,更重要的是旅游的过程是一个文化交流与融合的过程。沿线游客间、游客与当地居民间的文化交流有利于促进丝绸之路沿线文化融合和民众交往,增强相互了解,增进友谊,为瓦解三股力量,促进地区和平发展提供强大的群众基础。

(二)推进丝绸之路沿线旅游产业发展,助推我国西部经济凹陷带的"隆起",为新一轮西部大开发战略进一步落实提供新的支撑

丝绸之路经济带我国段沿线地区,属于我国的西部地区,也属于资源丰富却发展相对缓慢地区。西部大开发以来,虽然西部地区的社会经济发展取得了长足的进步,但与东部地区发展的绝对差距仍然较大,是实现全面建设小康社会目标的难点和重点。古丝绸之路穿越我国西部大部分地区,丝绸之路经济带的建设,对进一步深化西部大开发战略,提高我国西部内陆地区向西开放的力度具有重要

意义。大力发展丝绸之路经济带旅游业,对沿边经济发展将起到积极的促进作用,能够深化和扩展我国西部地区与周边国家的合作,有利于西部地区产业结构的调整升级,加快西部地区的发展,缩小东西差距,实现东西协调发展,将为我国西部大开发战略提供新的支撑。

"丝绸之路经济带"建设的重点和落脚点是通过加快区域合作,促进该地区社会经济发展,其中也包括沿线所涉及的西部地区。沿线陕西、宁夏、甘肃、新疆等地具有特殊的地缘优势和悠久的商贸文化传统,拥有独特而丰富的历史文化遗迹和独特的自然风光,发展旅游产业具有得天独厚的优势和较强的国际影响力。旅游产业一直以来是西部地区重要的支柱产业和惠民产业。通过进一步完善旅游设施,加强区域旅游合作,促进沿线旅游产业的发展,有助于直接拉动沿线地区消费,提高就业机会和人民收入,提升区域形象,进而促进整个社会经济发展。因此,大力发展旅游业将成为丝绸之路经济带建设的重要内容,是促进我国沿线经济社会发展,为落实新一轮西部大开发战略提供新的支撑的重要举措。

(三) 发展丝绸之路旅游业,有助于保护文化生态环境与自然生态环境

丝绸之路自古就是东西方文化交汇融合之地,被喻为世界历史展开的主轴、世界主要文化的母胎、东西方文明的桥梁,是世界公认的、人类历史遗留的珍贵文化财富(李林,2008),是一条友谊之路、文化之路。历史上丝绸之路的繁华时期,东西方文化交流频繁,音乐舞蹈、绘画雕刻、建筑艺术、体育运动、宗教文化等都曾在这里蓬勃发展。16世纪起,由于海上航路的开通与繁荣,加之环境变迁、战乱等因素的综合影响,丝绸之路渐渐沦为世界上的闭塞地区之一。进入21世纪以来,随着全球化进程的不断深入,以及丝绸之路沿线地区特殊的战略地位,这一地区再次得到了世界的关注,丝绸之路的文化交往再度受到重视。当前,丝绸之路沿线各国的文化交流与发展已取得了巨大成就,但在文化交流、文化认同、中长期文化发展战略等方面仍存在一些问题需要正视。丝绸之路经济带建设背景下,大力发展旅游业,尤其是文化旅游,有助于沿线各国保护与发展丝绸之路的文化,这也是时代赋予的重大历史使命。

发展丝绸之路旅游业,不仅能够促进对文化的保护与传承,还有利于自然环境的保护和可持续发展。旅游资源和环境质量是旅游业赖以生存的基础,发展旅游业势必关注资源环境的保护。同时,旅游业相对于能矿产业来说,更加生态友好和低碳环保。丝绸之路经济带的建设是以能源资源开发利用为重要的经济发展举措,但过于倚重能矿产业会导致环境的破坏和发展的不可持续。中亚地区及我国西北部均是生态脆弱区域,该区域气候干燥,地貌形态以沙漠和草原为主,水资源短缺、工业污染和大气污染长期限制着区域经济发展,降低当地居民生活质量。利用丰富的历史遗迹、特色文化资源,发挥其文化、生态旅游资源富集区的优势,大力发展文化旅游和生态旅游,能够平衡单一依赖能矿产业的经

济格局,对于抑制生态脆弱区资源的过度开发、保护生态环境、改善居住条件等具有重大意义。

二、丝绸之路经济带沿线旅游业发展概况

丝绸之路经济带沿线区域旅游资源普遍丰富、旅游发展潜力巨大,但由于涉及国家众多,资源条件和经济基础差异大,并且旅游业在各地区社会经济中的地位和受重视程度也不尽相同,因此,丝绸之路经济带沿线旅游业发展的阶段和程度也呈现很大差别。

(一)丝绸之路经济带中国境内旅游业发展概况

丝绸之路经济带中国段经济发展相对较为落后,但自然资源丰富、社会发展水平全面提升、优势产业呈现新的发展态势,具备较好的发展基础。尤其是部分省区历来是国内的旅游大省,在旅游业发展中拥有自己的特点和优势。如陕西省2012年旅游总收入1713亿元,比上年增长29.3%,相当于全省GDP的11.8%。接待境外游客335万人次,比上年增长23.9%,旅游外汇收入16亿美元,比上年增长23.1%。

一个地区的旅游景区数量反映了该地区的旅游资源储量以及旅游业发展程度。从丝绸之路经济带沿途旅游景区数量看,西北五省中,陕西、新疆和甘肃景区数量众多,宁夏因面积较小,景区数较少,青海的旅游资源尚没有得到有效开发(见表1)。同时,从2012年旅游收入的数据来看,旅游收入占GDP的比重,各省区也存在较大差异(见表2)。陕西旅游收入占GDP比重超过10%,甘肃和新疆旅游总收入分别占本省区GDP的8.46%和7.68%,已经将旅游业作为其战略支柱产业来发展;青海、宁夏旅游收入分别占到6.6%和5.3%,占比较低,但也突破了5%这一可作为支柱产业的界限。从入境旅游市场方面看,陕西和新疆两省区吸引入境游客数量较多,旅游外汇收入较为可观,而其他省份主要依靠国内市场,在入境旅游方面存在较大提高的空间。

表1 丝绸之路经济带中国段各省区各类景区数(2011年)

景区级别	陕西	甘肃	青海	宁夏	新疆	全国	占比
5A	5	3	0	3	5	130	19.2%
4A	35	41	5	10	54	1814	15.3%
3A	70	48	47	14	89	1840	19.2%
2A	33	63	17	8	90	1661	18.2%
1A	4	2	1	0	24	128	25.8%
总数	147	157	70	35	262	5573	17.8%

表2 丝绸之路经济带中国境内各省区旅游收入情况(2012年)

	陕西	甘肃	青海	宁夏	新疆
旅游总收入(亿元人民币)	1713	471.08	123.75	103.4	576
相当于GDP(%)	11.8	8.46	6.6	5.3	7.68
入境游客数(万人次)	335	10.2	4.7	1.9	150
旅游外汇收入(亿美元)	16	0.2235	0.2432	0.0567	5.5

(二)丝绸之路经济带中亚五国旅游业发展概况

中亚五国经济实力和资源基础存在一定差别,且各国旅游发展的程度和在国家产业体系中的地位也各不相同。哈萨克斯坦是五国中经济最为发达、人均生活水平最高的国家,50万人口以上的城市个数最多,也是唯一一个三产比重超过50%的中亚国家。乌兹别克斯坦人口众多,拥有中亚唯一一个人口超过200万的城市塔什干市。乌兹别克斯坦自然环境优美,人文古迹众多,国家对旅游业的发展较为重视,在旅游资源富集区还组织了国际旅游经济区。塔吉克斯坦是中亚领土面积最小的国家,但多年来利用其有限的水资源和独特的地热资源开展休闲养生旅游,取得一定成效。土库曼斯坦旅游资源丰富,但相对来说交通较为不便,旅游景点较少,尚未得到有效开发。吉尔吉斯斯坦是五国中面积最小的国家,平均海拔较高,被誉为"高山之国",拥有最大的内陆高山湖泊,且政府对旅游业较为重视,旅游业发展已取得一定成绩。

表3 中亚五国人口、社会、经济概况

	哈萨克斯坦	乌兹别克斯坦	吉尔吉斯斯坦	塔吉克斯坦	土库曼斯坦
面积(万平方千米)	272	45	14	20	49
人口(万)	1680	2978	558	801	517
50万以上人口城市(个)	4	3	1	1	1
人均GDP(美元)	12007	1717	1160	872	6511
三产比重(%)	57	48	49	49	31

资料来源:世界银行数据
注:乌兹别克斯坦三产比重为2011年数据

哈萨克斯坦在中亚五国中最具经济实力,第三产业也相对较为发达。作为世界上最大的内陆国家,它拥有丰富的自然景观、悠久的历史文化遗产和著名的中世纪建筑遗迹,旅游业的发展得到较为突出的重视。因此这里以哈萨克斯坦的旅游发展为例来分析中亚旅游发展状况。据哈萨克斯坦产业与新技术部2011年公布的数据,哈萨克斯坦2010年对旅游业的投资达到194.6亿坚戈,比上一年增长

58.3%,住宿和餐饮企业有 1720 多家。从 2005 年至 2010 年出境、入境和国内游客人次的统计可以看出,哈萨克斯坦的旅游业主要依赖国内游,国际游中出境游客数又远远多于入境游客,说明哈萨克斯坦作为国际旅游目的地,吸引力尚很小。从出游目的来看,国内游中,57% 以上的出游者是以商务、公务旅游为目的,37% 以上是探亲访友为目的;而入境游中,则 90% 以上的旅游者是商务游客。因此可以看出,哈萨克斯坦旅游活动很少以休闲观光度假为目的,以丝绸之路为主题的旅游活动更是少之又少。可以推论,中亚其他国家对丝绸之路的旅游价值挖掘也远远不够。

表 4　哈萨克斯坦共和国出境、入境及国内游人次统计(2005—2010 年)

单位:人次

	2005	**2006**	**2007**	**2008**	**2009**	**2010**
入境游	39 872	56 203	62 117	37 937	31 246	39 640
出境游	210 692	255 626	286 691	261 070	193 951	261 709
国内游	1 224 618	1 470 957	1 964 907	1 801 087	1 544 506	2 548 868

数据来源:哈萨克斯坦工业与新技术部 http://invest.gov.kz/? option = content&section = 6&itemid = 99

(三)丝绸之路经济带俄罗斯沿线概况

丝绸之路经济带在俄罗斯境内主要经过伏尔加河沿岸联邦区。伏尔加河沿岸联邦区成立于 2000 年 5 月,位于俄罗斯西部伏尔加河沿岸,包括 14 个联邦主体(6 个共和国、7 个州和 1 个边疆区),面积 103.8 万平方公里,占俄总面积 6.1%;人口 3015 万,占俄总人口 21.3%,仅次于中央联邦区;生产总值占全俄 15%。伏尔加河沿岸联邦区各产业在全俄中均占重要位置。伏尔加河是欧洲第一大河。伏尔加河流域是俄罗斯著名的游览区。伏尔加中下游地区的森林、草原、绿洲以及许多世纪以来的历史古迹、列宁的故乡乌里扬诺夫斯克、伏尔加格勒的英雄防线等,丰富的旅游资源为联邦区发展旅游业提供了支持。

从俄罗斯全国来看,旅游发展具有自然风光和历史文化方面的优势,近年来政府非常重视旅游业的发展,但受旅游基础设施落后、旅游产品不够丰富、旅游服务不到位(包括签证办理时间长)等问题的困扰,俄罗斯作为国际旅游目的地的吸引力仍有待提高。从俄罗斯与丝绸之路经济带上其他国家的关系来看,由于历史的原因,中亚五国在经济、政治、军事人文各方面与俄罗斯存在千丝万缕的联系,中亚五国居住着大批俄罗斯人,因此存在巨大的探亲访友潜在市场,而中亚五国在经济上对俄罗斯的依赖,长期的贸易往来,也提供了发展商务旅游的巨大潜力。

俄罗斯和中国互为最大的邻国,两国旅游互动合作也非常频繁。2012 年和 2013 年中俄互办旅游年。2012 年在中国举办"俄罗斯旅游年",2013 年在俄罗斯举办"中国旅游年"。2012 年到俄罗斯访问的中国游客总数超过 84.5 万人次,在来俄罗斯旅游的外国游客总量中排名第二;而前往中国旅游的俄罗斯游客人数则超过240万人次,在俄罗斯赴国外旅游的游客总量中也排名第二。丝绸之路经济带上的伏尔加河沿岸联邦区作为俄罗斯的重要组成区域,在中俄旅游合作中也扮演了重要角色。近几年伏尔加河沿岸与中国长江中上游各城市乃至各城市群之间的联系密切,在经贸、投资、科技、教育、文化、旅游等很多领域建立了合作关系,众多长江流域城市均与伏尔加河沿岸地区签订了旅游合作协议,重庆、武汉还将与该地区建立直接航空联系,进一步为旅游合作提供便利。

三、丝绸之路经济带旅游合作面临的挑战与政策建议

丝绸之路是世界级经典旅游线路,历来受到联合国教科文组织和世界旅游组织以及欧亚诸国的重视。自20世纪90年代起,联合国教科文组织就与世界旅游组织合作,将丝绸之路立项,并予以指导及项目支持。各国多次举行保护丝路文化遗产、开发新丝路之旅的国际会议。在中国国家旅游局公布的中国观光国线中,第一条就是丝绸之路。1996年,世界旅游组织曾在古都西安举行丝绸之路论坛。世界旅游组织2010年提出丝绸之路项目,意图实施既定的合作计划加强丝路品牌,吸引旅业业投资,实现沿线地区的可持续发展。2013年8月,由联合国世界旅游组织、中国国家旅游局、甘肃省人民政府主办的世界旅游组织第六届丝绸之路国际大会在甘肃省敦煌市召开,会议主题就是加强国际合作、构建新的丝绸之路旅游线路。尽管关于丝绸之路旅游线路的价值和丝绸之路旅游发展需要沿线各国共同努力等已经形成共识,但在实际发展中,仍存在一系列问题,制约着丝绸之路的旅游发展与各国间的合作。

(一)高度重视旅游发展的战略意义,合力打造利益共同体,化解地区安全问题

丝绸之路经济带,尤其是与阿富汗接壤的中亚五国,面临着民族矛盾、政局不稳、国际关系复杂等内外部的安全压力。从外部来看,多种国际力量的较量,使这一地区充满了火药味,从而对该地区旅游业的发展带来许多不利影响。从内部来看,中亚地区有130多个民族,宗教派别繁多,"三股势力"的存在严重地影响了整个中亚地区的安全与稳定。中亚各国从2004年起,陆续进入新一轮政权更迭期,中亚各国之间的矛盾和内部斗争也处在一个关键时期。这些不稳定的安全因素对于丝绸之路区域旅游发展都是极大的障碍,损害了丝绸之路区域旅游良好品牌形象的建立。

为此,需要深刻理解丝绸之路旅游发展战略意义,合力打造利益共同体,让旅游产业成为民生产业,成为促进沿线社会经济发展的大产业,为化解地区安全问题提供强大的群众基础。中国与中亚五国及俄罗斯乃至西亚等更大范围的相关国家合作建设丝绸之路经济带,是一个具有深远战略意义的重大举措。"丝绸之

路"是文化相连和相融的一种表达,是未来合作的深层次基础。这个"经济带"不是传统意义上的经济轴线或带状经济,而是在"丝绸之路"这个文化基础上各国间的区域合作,重点方向是与中亚、西亚各国的合作。以丝绸之路为纽带,联合西北五省区和中亚各国,创新国际性的区域旅游合作模式,以更宽的胸襟、更广的视野拓展区域合作,把地缘毗邻优势、经济互补优势、旅游资源优势转化为合作优势,打造利益共同体,形成"丝绸之路旅游合作组织",共同打造丝绸之路国际旅游品牌。

(二)加强对话机制、通力合作解决经济落后导致的旅游便利性问题

中亚国家和俄罗斯目前经济发展整体水平不高,中亚国家目前只有吉尔吉斯斯坦和塔吉克斯坦加入世贸组织(WTO),俄罗斯在2012年刚加入世贸组织,其他三国尚未加入世贸组织,这些国家的经济全球化程度不高。且中亚五国及俄罗斯的国内经济转轨也仍未完成,市场经济体制还未充分建立,其国内市场并不规范。经济的不发达导致了基础设施落后和交通的极不便利,目前我国与中亚地区直航尚未开通,陆路交通水平也较低。旅游接待设施不完善,信息化水平低,不能满足国际游客的需要。旅游服务贸易的发展也处在初级阶段,旅游相关法制建设尚不完善。我国与中亚国家在边境的管理体制方面毕竟存在着很大的差距,因而至今为止,相互间旅游通行的管理及程序仍然十分烦琐,成为阻碍我国与中亚国家积极开展丝绸之路区域旅游合作的一大难题。

为此,应该由我国国家旅游局牵头,与联合国世界旅游组织等组织合作,通过丝路沿线国家部长级对话机制,签署具有实效的合作协议,积极商讨跨国旅游区、旅游线路共同开发机制,加强边境旅游签证管理,简化边境旅游签证手续,建立给予第三国签证便利等长效机制。同时,应该加强国内相关地区旅游基础设施建设,争取早日实现西北主要城市与中亚重要旅游城市互通航班。

(三)联合开发,避免资源开发不当导致的产品单一问题

由于长期受简单资源导向观念的影响,以及过于关注古道辉煌历史和文化的展示,丝绸之路沿线已开发的旅游产品存在品种单一、开发层次低、产品结构不合理、生命周期短等问题,在创意、营销和服务等方面远不能适应现代多样化旅游需求。丝绸之路经济带旅游产品一直以来是以展示古文化遗址遗迹的观光游为主,但是其开发模式多以静态展示为主,对于参与性和体验性以及对丝绸之路经济带现代文明、时代主题的挖掘等方面考虑较少,缺乏对现代技术和创意思维的运用。此外,丝绸之路沿线文化景观较多,自然景观较少,对于沿线丰富的森林、水利、湿地等生态资源的开发停留在粗放的初级阶段。总之,丝绸之路经济带旅游产品的开发亟待从单一向复合、静态向动态、传统模式向现代手段转型。

因此,需要加强丝路产品开发和品牌营销方面的区域合作,通过强强联合,抱团作战,主动出击,可以极大凸显和深化丝绸之路多元化品牌效应。以丝绸之路

专题产品研讨会和重大国际营销活动等形式,有机协调丝绸之路的国际推广。同时,围绕丝绸之路培育旅游产品,引导旅行社和更多企业参与丝绸之路旅游文化产品的创意设计,通过包装打造多元、丰富旅游产品,延伸发展产业链,改变旅游市场产品结构单一的现状,繁荣丝绸之路的旅游经济。

(四)科学发展,预防旅游带来的生态环境问题

虽然丝绸之路经济带开展旅游活动是以文化资源为特色的,但离不开文化资源赖以产生的生态环境。丝绸之路沿线大多为贫困落后地区,一些地区高品位旅游资源因缺乏资金和合理规划,存在低水平重复性建设和破坏性的开发现象,盲目追求经济效益致使游客量超过生态负荷,这些都极大地危害了旅游业赖以生存的资源和环境,旅游景观遭到破坏。除了自然生态之外,文化生态也面临着困境。丝绸之路沿线一些承载着悠久历史的传统文化不断遭到抛弃,非物质文化遗产资源流失状况严重,有些传统技艺面临灭绝,威胁着丝绸之路旅游业的可持续发展。

为此,需要科学发展,高度树立可持续发展的观点,在深入分析旅游资源结构、等级、客源市场和相关产业基础上,综合考虑生态环境对旅游业发展规模、档次的承载能力,保持适度发展规模,促进旅游协调、稳定、健康、持续的发展。同时,鼓励发展生态旅游和旅游生态化发展。加强生态环境的管理与科学利用,重视生物多样性保护;依靠科技进步,促进遗产地旅游可持续发展。

【参考文献】

[1] 葛全胜,徐继填,魏小安. 西部开发旅游发展战略[M]. 北京:中国旅游出版社,2002:15-25.

[2] 马耀峰. 梁雪松,李君轶,等. 跨国丝绸之路旅游合作研究[J]. 开发研究,2006(4):67-70.

[3] 南宇,杨永春. 构建西部丝绸之路沿线非物质文化遗产传承保护开发体系研究[J]. 宁夏社会科学,2011(5):148-152.

[4] 杨阿莉. 基于生态理念的丝绸之路旅游产品结构优化与升级研究[J]. 西北师范大学学报(自然科学版),2010,46(1):97-101.

政策论坛
Policy Forum

Tourism Industry Development Strategy of the Silk Road Economic Belt

YIN Yi-mei

(Tourism Institute of Beijing Union University, Beijing 100101)

Abstract: The Silk Road has always been one of the most important tourist routes in the world, and has been gained much attention from some international tourism organizations and all the associated nations along the road. Now, the central government of China is pushing to develop the economic zone of the Silk Road again, which further enhances the development of tourism along the Silk Road. And the tourism industry development is becoming the focus of the governments and academic scholars. This paper firstly analyzes the significance of the tourism development in the Silk Road Economic Belt, and then overviews the status of the tourism industries of the countries and regions along the Silk Road, including the five northwestern provinces of China, five Central Asian countries and Russia. Finally, based on the obstacles and challenges in the tourism cooperation in the Economic Belt of the Silk Road, this paper proposes some appropriate strategies on the tourism development of the Silk Road Economic Belt.

Key Words: the Economic Zone of Silk Road; tourism development; policies

我国家庭农场的政策现状分析及推进策略

胡海胜[1] 郏慧芬[1] 张福庆[2]

(1. 江西财经大学旅游与城市管理学院,江西 南昌 330032;
2. 江西省政府投资项目评审中心,江西 南昌 330046)

【摘要】2013年中央一号文件的颁布,使家庭农场成为炙手可热的名词。作为新兴的农业生产组织形式,家庭农场对推进传统农业的更新发展和产业转型升级具有积极意义。在国家主导政策的鼓励下,全国各地先后发布了各层级各类别的实施政策,包括登记认定、财政金融、土地及配套服务等各个方面,对推进家庭农场的发展起到了积极的作用。但同时,我们也看到目前实施的关于家庭农场的政策中存在认定标准不统一、土地流转缺乏规范、资金短缺、服务体系薄弱等问题。为此,可考虑从完善行业标准、加强政策扶持、优化金融环境、强化规范管理、加强人才保障措施五个方面完善相关政策。

【关键词】家庭农场;政策体系;推进策略

一、引言

2008年党的十七届三中全会首次提出了"家庭农场"概念。2012年12月31日,中共中央、国务院发布了《关于加快发展现代农业 进一步增强农村发展活力的若干意见》(简称2013年中央一号文件),更为明确地指出了家庭农场的发展方向:从引导承包土地向家庭农场有序流转、加大对家庭农场经营者的培训力度、新增农业补贴向家庭农场倾斜等方面创新农业经营体制机制。在此背景下,全国各地纷纷开展了农家农场的探索和尝试。据统计,农业部确定的33个农村土地流转规范化管理和服务试点地区,已有家庭农场6670多个[1],其中上海松江、湖北武汉、吉安延边、浙江宁波、安徽郎溪等地则成为了培育家庭农场的示范地区。家庭

[基金项目] 本文系2011年度教育部人文社会科学研究项目(11YJC850004)和国家社会科学基金项目(13BJY145)的阶段性成果。

[作者简介] 胡海胜(1978—),男,江西弋阳人,江西财经大学旅游与城市管理学院副教授、理学博士、硕士生导师,研究方向为旅游规划设计;郏慧芬(1987—),女,江西玉山人,江西财经大学旅游与城市管理专业研究生,研究方向为旅游规划设计;张福庆(1967—),男,江西上饶人,理学博士,研究员,硕士生导师,研究方向为生态旅游和投资经济等。

农场迅速发展的背景下,学术界也随之展开了讨论,但目前的研究主要是集中于家庭农场的发展现状、主要特点及发展对策方面[2-7],其他方面的研究则集中在家庭农场发展效益分析[8-9]及意义[10],主要示范地区的家庭农场发展探索[11-12]以及国外的经验借鉴[13-15]等方面。根据我们对国内相关地域的了解分析,家庭农场在我国的发展仍处于起步阶段,其中最大的发展障碍主要来自于政策环境。为此,我们将梳理我国家庭农场发展的基本政策,并分析存在的问题,据此提出未来发展的政策建议。

二、家庭农场的基本内涵及其发展现状

(一)家庭农场的基本内涵

目前家庭农场的概念较为模糊,农业部给出的定义是以家庭成员为主要劳动力,从事农业规模化、集约化、商品化生产经营,并以农业收入为家庭主要收入来源的新型农业经营主体。不同研究者对家庭农场作了阐释和解读,例如:家庭农场是农户以家庭经营方式建立的农业生产单位,是现代农业一种有效的经营方式[3];以农户家庭为基本组织单位,家庭农场是以利润最大化为目标,从事适度规模的农林牧渔的生产、加工和销售,实行自主经营、自我积累、自我发展、自负盈亏和科学管理的企业化经济实体[4];家庭农场是以家庭经营为基础,融合科技、信息、农业机械、金融等现代生产因素和现代经营理念,实行专业化生产、社会化协作和规模化经营的新型微观经济组织[10]。在上述观点的基础上,笔者认为家庭农场是以家庭为基本组织单位,承包适度规模的土地,以现代技术为指导,从事适度规模的农林牧渔的生产、加工和销售的现代农业经济实体。作为一种特殊的农业形态,家庭农场是以生态保护为基础,以市场为导向,以高新科技为支撑,将农事生产、农业景观及民俗文化融为一体,正朝着观光农场、休闲度假农场、创意农场等方向进行提升和转型。

(二)家庭农场的现实意义

我国家庭农场的发展将具有以下现实意义:一是通过多业态的融合,特别是结合果园观光、蔬菜采摘等延长产业链条,有利于传统农业的更新发展和产业转型升级;二是通过休闲农业开发带动餐饮、住宿、购物等环节的高效配置,有助于扩展农业收入来源,摆脱小农经济下发展现代农业的困境;三是通过"寓教于农"的形式,将农村特有的文化、风俗、农事工具展览等作为农业观光休闲活动的内容,培养城市居民和当地民众对传统耕作文化的兴趣,有助于保护乡土文化遗产。

(三)家庭农场的发展现状

2013年中央一号文件的颁布,极大地激发了全国发展家庭农场的热情。根据各大搜索引擎的检索,截至2013年10月20日,以"家庭农场"为关键词,在百度中共有相关结果56 000 000个,家庭农场旅游1 240 000个;在谷歌中共有相关结果

7 050 000 个,家庭农场旅游 2 370 000 个;百度贴吧中的家庭农场关注度 264,帖子达 933 条。据不完全统计,安徽宿州市 2013 年家庭农场要发展到 900 家,规模经营面积 60 万亩;松江区到 2012 年 6 月底家庭农场已经发展到 1173 户,家庭农场户均收入可达 10.26 万;宁波市 2010 年就已注册家庭农场 385 家,当年实现销售额 8.26 亿元、利润 1.48 亿元,平均每个农场分别为 214 万元和 38 万元[1];湖北武汉市截至 2012 年底,各类农业家庭农场共 167 家,户均农业收入均达 20 万元以上[6](见表 1)。

表 1　示范地区家庭农场发展情况

序号	地址	经营品种	个数	备注(时间)
1	上海松江	粮食、养猪	1300	截止 2013 年 2 月
2	湖北武汉	种植、水产、种养型	167	截止 2013 年 2 月
3	浙江宁波	蔬菜瓜果、粮食、禽类	687	截止 2012 年年底
4	安徽郎溪	粮食、畜禽、水产、林业、茶叶	216	截止 2013 年 2 月
5	吉林延边	粮食、经济作物	451	截止 2013 年 4 月

注:以上数据均来自于农民日报、武汉晚报、凤凰网宁波、宣城晚报等各报刊网站的财政新闻

家庭农场的发展促进了乡村旅游、休闲农业的进一步兴旺,基于家庭农场的农业生态观光、采摘体验等休闲农业旅游项目遍地开花。烟台等地诞生首个"家庭农场"旅游线路;古镇青云店东辛屯村更是拿出土地和民房的使用权进行拍卖,口号为"百姓的菜园子,单位的菜篮子",让游客住在民俗旅游村,饱览乡野风光,体验农耕生活;义乌等种粮家庭农场,积极开发观光旅游休闲业务,让市民目睹生产有机大米的过程,部分农户还为产品注册商标,建立自己的品牌。

三、家庭农场的政策现状

中央一号文件从以下方面提出对家庭农场的支持:国家将加大对专业大户、家庭农场和农民合作社等新型农业经营主体的支持力度,实行新增补贴向专业大户、家庭农场和农民合作社倾斜政策;鼓励和支持承包土地向专业大户、家庭农场、农民合作社流转,发展多种形式的适度规模经营。鼓励有条件的地方建立家庭农场登记制度,明确认定标准、登记办法、扶持政策;探索开展家庭农场统计和家庭农场经营者培训工作,推动相关部门采取奖励补助等多种办法,扶持家庭农场健康发展。在国家主导政策的鼓励下,全国各地先后发布了各层级各类别的实施政策,包括登记认定、财政金融、土地及配套服务等各个方面,对推进家庭农场的发展起到了积极的作用。

(一)登记细则和认定标准

部分地方政府出台家庭农场登记试行办法和细则,从土地规模、承包期、户籍等方面提出认定标准(见表2)。

表2 各地区出台的指导意见和认定标准

地区	文件名称	标准限值	备注
上海松江区	《关于鼓励发展粮食生产家庭农场的意见》	因地制宜,家庭农场水稻经营规模一般为100~150亩。实行农业标准化生产,建立农业生产档案,家庭农场受让的流转土地,不得转包	实施考核奖励加强考核,组织开展各类生产竞赛活动,对优秀经营者给予奖励
山东省	《山东省家庭农场登记试行办法》	对土地经营规模未作限制	免收登记注册费、验照年检费和工本费,对家庭农场建设用地予以优先安排
安徽郎溪县	《关于大力发展家庭农场的实施意见》和《郎溪县示范家庭农场认定管理办法》	种植业面积达100亩以上,林业类绿化大苗面积50亩以上,水产养殖类50亩以上,此外对养殖类存栏数目也有相应要求:生猪养殖类存栏200头以上,蛋禽养殖类存栏5000羽以上,肉禽养殖类常年存栏10000羽以上,家庭年总纯收入50000元以上,人均纯收入10000元以上(类似的还有合肥、湖北等地)	受理服务优先 对家庭农场实行动态管理,每两年进行一次复审
湖北省	《关于做好家庭农场登记管理工作意见》	按种植、水产养殖、畜牧等不同行业规定面积标准	
浙江宁波市		按种植、水产养殖、畜牧等不同行业规定面积标准,面积均在50亩以上	
江苏省	《关于充分发挥工商注册登记职能做好家庭农场登记工作的意见》	不设定前置性要求与规定	经营者根据自身条件,自愿选择登记的主体类型
内蒙古自治区	《关于充分发挥工商职能扶持家庭农场发展的通知》		"四个优先":优先受理、优先核名、优先登记、优先提供咨询服务

(二)财政补贴和奖励

目前国内各地的扶持和奖励政策在具体的地域有所差异,推出的奖励金额基本都在3~10万元的范围内(见表3)。

表3 各地区的财政扶持和奖励政策

地区	财政扶持和奖励
上海松江区	从2008年开始,松江区财政贴息2000万元。2013年,对家庭农场财政补贴政策调整为每公顷补贴3000元土地流转费,结合生产要素价格和消费品价格实行浮动补贴。
湖北武汉市	截至2012年底,扶持资金达664万元,平均一家家庭农场获补贴近4万元。
山东省	出台《关于积极培育家庭农场健康发展的意见》强调增加农业补贴资金规模,使家庭农场享有与专业大户、农民合作社等经营主体同等的财政扶持政策。
湖南石门县	对水稻生产面积500亩以上的种植大户,每户奖励3万元。
浙江宁波市	对2013年评定的市级示范性家庭农场给予每家10万元的一次性奖励,其中市级奖励5万元,县(市)区配套5万元。
江苏徐州市	对平均效益比普通农户高30%以上的家庭农场,给予3到5万元的奖励,对年销售实绩在100万元以上的家庭农场,给予实际销售收入1%的奖励,最高不超过5万元。

(三)土地政策

我国农村目前实行的土地制度是家庭联产承包责任制,土地属于集体。家庭农场要扩大经营规模,必须流转其他农户的耕地。目前,家庭农场以转包、出租、转让、互换等多种形式流转土地。目前大多数地区没有规范的土地流转制度,较为规范的当属上海。松江区、镇农业和农经部门加强土地流转管理、指导和服务,按照依法自愿有偿的原则,村民与村委会签订统一格式的土地流转授权委托书,再由村委会与家庭农场经营者签订统一格式的土地流转合同,流转价格为每亩500~600元,今后按照粮食市场价格上涨的比例逐年递增。此外,山东等地提出对家庭农场建设用地,予以优先安排。

(四)金融支持

上海松江区鼓励银行向农场经营者贷款,区政府成立贷款担保基金,为农民提供优惠贷款保险,由区政府给予贷款贴息,由农委向银行推荐,经营状况、信用记录均良好的可获得无担保贷款资格;山东等地提出金融机构要根据家庭农场等新型农业经营主体的特点,探索创新金融产品,制定专项信贷政策和金融服务措施,特别是要加大基础设施和固定资产投资方面的金融支持力度;安徽郎溪县协调县农村合作银行、县邮政储蓄银行、新华村镇银行为每户家庭农场提供信誉贷款。

(五)配套服务

安徽郎溪依托安徽省农业信息网主网,开通"郎溪县家庭农场协会网",通过设立网上营销平台以及供求信息、会员风采、农事时报、农民创业、农业论坛和现代农业等栏目,及时向家庭农场主提供各类信息服务,并通过配置电脑、传真打印复印一体机和农业信息化培训等服务,进一步提高了家庭农场主的农业信息化应用水平;上海松江通过组织建立粮食种子繁育供应基地,实行水稻良种区级统一供应,组建农机专业合作社,建立农资超市,实行防治农药统一到村送户服务等为家庭农场发展提供服务支撑。

四、家庭农场的政策评估及建议

(一)家庭农场的政策评估

根据上述梳理的我国家庭农场的政策体系,我们认为虽然已经发挥了较大的促进作用,但是从长远来看,政策在制定和实施过程中仍然存在诸多问题。

1. 认定标准不统一

在全国家庭农场是一个新鲜事物,但目前国家尚无统一的标准和登记办法,国家和省级层面关于家庭农场在规模化指标、特征判别方面的认定模糊,各地对家庭农场的认识不一,导致不少农户对自己经营的是否属于家庭农场产生疑惑,未能主动争取合理市场主体地位,另外部分地区由于门槛低甚至几乎零门槛,出现一拥而上的现象造成家庭农场成为了农户利用政策套利的手段。因此出台统一的标准,从理论上明确家庭农场的基本性质和特征,从实践中把握家庭农场的发展趋势和特点,保障每一个家庭农场应有的权利,落实优惠政策十分必要。

2. 土地流转缺乏规范

土地的稳定性直接影响农场主投资的长效性。目前,家庭农场土地流转多数以双方签订协议,甚至有的只是口头协议的方式,同时由于村民一般不愿意签订较长期的协议,土地流转的时期较短。一方面,家庭农场主难以在短期内收回对土地的投资;另一方面,经营效益好的农场担心农民违约,造成土地流出。此外,如城郊等一些特殊地带的土地被征收的进程快,加大了家庭农场土地承包不稳定的风险。

3. 资金短缺

缺乏有政府背景的担保基金或担保机构,贷款期限短、融资价格偏高、贷款难度较大是资金短缺的家庭农场面临的主要问题。家庭农场正处于起步阶段,普遍生产经营规模较小,加上现行土地产权制度的缺陷,家庭农场大多缺乏贷款抵押物、授信、贷款难度较大,有的农场可获得扶持但金额有限,不能满足种养大户的资金需求。虽然有些地区已行文鼓励银行向农场经营者贷款,但落实执行还需一定时间。

4. 服务体系薄弱

一是信息化服务体系不完善。除了家庭农场示范区建有比较完善的服务体系,大部分地区尤其是县乡缺乏农业信息服务系统。缺乏组织机构及时向家庭农场主普及市场供求、农事时报、行业形势、先进技术等信息资源,缺乏机制健全运行规范的农产品市场流通网络,不利于实现农业生产经营与市场的有效对接。二是基础设施供给不足,电脑、打印机、网络卫星传输系统等硬件设施供给不足,缺乏发展家庭农场观光旅游区的配套基础设施。三是人才引进不够,对引进专业信息技术服务人才的优惠政策有待完善。

由于家庭农场还处在初级阶段,极少数地区在政策方面有明确行文提出较为具体的保障措施支持发展特色农业、绿色农业、休闲农业、生态农业,鼓励家庭农场从事观光农业、生态餐饮、民俗参与、采摘、垂钓等发展农场休闲旅游。在美国、法国、日本等休闲农业发展较为成熟的国家,旅游收入是家庭农场收入的重要组成部分。旅游不仅带来良好的经济效益,而且使得农场成为一个"寓教于农"的"生态教育农业园",有效地扩大了生态农业耕地面积。对于国外的有益经验,我们可以加以借鉴。

(二)进一步完善家庭农场政策的建议

1. 完善行业标准

完善的行业标准和规范是家庭农场健康可持续发展的前提条件。国外休闲农业的发展,都十分注重家庭农场用地、服务设施、文化条件、公共基础设施、从业人员资格考核等相关规定的制定,如在韩国对旅游农园申请、可行性评估以及发展规模有严格的规范和管理。因此,国家应出台相关指导意见和规范,明确家庭农场在准入条件、具体土地规模、劳动力、经营内容的标准界定,并建立严谨统一的家庭农场注册登记制度,区别于农村合作社等其他农业规模经营形态,规范家庭农场管理。

2. 规范土地流转制度

强化土地流转的管理和指导。首先,明晰农民土地承包经营权,为推进土地流转奠定坚实的制度基础。政府土地主管部门要理清农民土地状况,明确土地使用者的各项权利与义务,做到产权明晰。其次,制定土地流转制度,规范土地流转合同,明确双方权利与义务,并进行严格审批和监督,防止改变土地流转后用途。在合同中赋予家庭农场主较为长期稳定的承包经营期限,保障土地流转的稳定性,为家庭农场主长时间租种土地提供保障。

3. 加大政策扶持

政府加大对家庭农场旅游项目的资金倾斜,增加对发展家庭农场观光旅游区的基础设施(如道路、电缆、服务中心等)、宣传营销的投入,并提供专项基金奖励示范型家庭农场,采取直接补助、以奖代补和贷款贴息等方式支持家庭农场旅游项目建设,促进农场旅宿型休闲活动功能健全化发展。

4. 优化金融政策

完善担保体系,组建家庭农场债务融资担保机制,鼓励信托投资公司和其他金融机构为重点家庭农场旅游项目的开发提供资金支持。同时创新金融产品,探索根据家庭农场经营形式、规模和特点,制定专项信贷政策和金融服务措施,放宽家庭农场旅游项目还贷环境,加大保险业对家庭农场发展的支持力度。

5. 强化规范管理

家庭农场一般在偏远的乡村,农户的房屋尤其是那些传统的古典的老式建筑如忽略修缮,会存在安全隐患。出台"家庭农场住宿管理条例"等规范细则,同时对服务设施、卫生条件、饮水、电器、灭火条件(帐篷野营)设定标准,保障家庭农场有序健康发展。

6. 健全人才保障机制

建立人才引进机制,加强技术指导和培训,引进农业技术骨干和休闲农业旅游专业型人才,要尽可能地为人才创造良好的工作和生活条件,全面提升科学技术和服务管理水平;出台农村青年或大学生从事家庭农场的扶持政策,鼓励大学毕业生回乡创业,扎扎实实地让优惠政策落到实处。

【参考文献】

[1] 徐丽红. 家庭农场激发农业生产潜能[N]. 中国财经报,2013-03-02.

[2] 王德刚. 家庭农场建设有益于提升乡村旅游[N]. 中国旅游报,2013-04-08.

[3] 许莹. 简论家庭农场[J]. 河南科技大学学报(社会科学版),2006(5):85-87.

[4] 黎东升,曾令香,查金祥. 我国家庭农场发展的现状与对策[J]. 福建农业大学学报,2000(3):5-8.

[5] 张照新,张海阳. 家庭农场发展对策[J]. 农村经济管理,2013(4):19-20.

[6] 岳正华,杨建利. 我国发展家庭农场的现状和问题及政策建议[J]. 农业现代化研究,2013(7):420-424.

[7] 臧凯波. 我国家庭农场发展存在的障碍及应对策略[J]. 农业经济,2013(7):31-33.

[8] 汤文华,段艳丰,梁志民. 一种新型农业经营主体:家庭农场基于新制度经济学的分析视角[J]. 江西农业大学学报,2013(6):186-190.

[9] 伍开群. 家庭农场理论分析[J]. 经济纵横,2013(6):65-69.

[10] 高强,刘同山,孔祥智. 家庭农场制度解析:特征、发生机制及效应[J]. 经济学家,2013(6):48-53.

[11] 曹茸,宋修伟. 发展家庭农场:意义重大,难题待解[N]. 农民日报,2013-03-08.

[12] 朱立志,陈金宝. 郎溪县家庭农场12年的探索与思考[N]. 中国农业信息,2013(14).

[13] 赵维清,边志理.浙江省家庭农场经营模式与社会化服务机制创新分析[J].农业经济,2012(7):37-39.

[14] 李尚红.从美国的家庭农场制度看我国农业生产组织形式的创新[J].全国商情,2006(7).

[15] 朱博文.美法日家庭农场发展的经验与启示[J].长江大学学报(自然科学版),2005(5).

[16] 徐会苹.德国家庭农场发展对中国发展家庭农场的启示[J].河南师范大学学报(哲学社会科学版),2013(7):70-73

Study on Present Policy and its' Promotion Strategy of Family Farm in China

HU Hai-sheng[1], JIA Hui-fen[1], ZHANG Fu-qing[2]

(1. *School of Tourism and Urban Management, Jiangxi University of Finance and Economics, Nanchang 330032;*
2. *Jiangxi Government Project Approval Centre, Nanchang 330046*)

Abstract: Family Farm became the hottest item in China with the central government's Document No. 1. As a new form of agricultural production methods, family farm helps greatly in promoting traditional agriculture reformation and industrial upgrading. Encouraged by our country's leading policy, relevant departments all over the country have released various categories of implementation polices at all levels, including registration authorization, finance, land and ancillary services, which played a quite positive role on the development of family farm. But at the same time, we should also identify those problems which arose from our current existing polices such as the following: identification standards are not unified, land circulation lacks standards, the shortage of funding, the weakness in service system and so on. Therefore, Chinese family farm should strengthen the following areas: improving the industry standards, reinforcing policy support, optimizing financial environment, strengthening standardized management and enhancing personnel reserve measures.

Key words: Family Farm; Policy System; Promoting Strategies

生态文明建设

对旅游生态补偿机制若干问题的思考

宋子千　蒋依依

(中国旅游研究院,北京　100005)

【摘要】本文对旅游生态补偿机制的标准、主客体、补偿模式等进行了讨论。从总体上说,旅游业是环境友好型和资源节约型产业,在很多地方旅游业是作为生态环境保护的替代产业进行发展的,这时应该对区域发展旅游业给予补偿,而不是由旅游业对生态环境的破坏进行补偿。在考虑旅游生态补偿时不能只考虑到生态环境的破坏和旅游业的收益,也要考虑到旅游业的成本、旅游业之外受益方的收益以及旅游发展对于生态环境保护的促进作用。就区域内的旅游生态补偿而言,是由旅游发展受益方给予资源权益方补偿,其中旅游者是最终和最主要的补偿主体,补偿的最低标准是生态保护成本的增加额和从其他收益方获得补偿的下降额之和,最高标准则不超过旅游发展受益方的净收益。

【关键词】旅游业；生态补偿机制；帕累托最优改善

近年来,生态补偿问题得到国家高度重视。2006 年,国家经济社会发展的"十一五"规划中正式提出"按照谁开发谁保护、谁受益谁补偿的原则,建立生态补偿机制"。2007 年 8 月,国家环境保护总局发布了《关于开展生态补偿试点工作的指导意见》,在意见中进一步对生态补偿机制的建立问题进行了明确。继党的十八大把生态文明建设纳入中国特色社会主义事业"五位一体"总体布局中之后,最近召开的十八届三中全会进一步提出：建设生态文明,必须建立系统完整的生态文明制度体系,用制度保护生态环境。要健全自然资源资产产权制度和用途管制制度,划定生态保护红线,实行资源有偿使用制度和生态补偿制度,改革生态环境保护管理体制。在上述背景下,我国关于旅游生态补偿机制的研究也逐渐兴起,我们曾从旅游生态补偿的概念内涵、补偿主客体、补偿标准、补偿模式和保障体系等多方面进行了梳理[1],在梳理过程中我们发现关于旅游生态补偿机制,研究者

[基金项目]国家自然科学基金青年项目"旅游地生态补偿空间范围与标准研究——以云南省玉龙县为例"(编号:41001381);国家旅游局科研项目重点项目"基于产学研关联的旅游学科建设思想研究"(编号:13TAAK006)

[作者简介]宋子千(1974—),男,湖南隆回人,副研究员,经济学博士,研究的领域是旅游经济与产业政策。E-mail:songzqsky@sohu.com。

还存在许多模糊的认识,有进一步讨论的必要。

一、辩证分析旅游发展对生态环境的影响

辩证分析旅游发展对生态环境的影响是建立旅游生态补偿机制的前提,只有全面、客观地理解旅游发展对生态环境的影响,才能准确地把握旅游生态补偿的独特性,而不至于产生由于简单套用一般生态补偿理论造成的误解。

旅游业由于其产业特性,和生态文明建设具有天然的紧密联系。从总体上说,旅游业是环境友好型和资源节约型产业,亲近自然是人们进行旅游活动的重要动机,人们从对自然的观光和体验中获得愉悦、提升身心健康,一般并不需要对资源环境进行消耗性的利用。在很长时间内,旅游业甚至被誉为"无烟产业"。但随着旅游业的深入发展,人们逐渐认识到,如果旅游开发经营不当或者旅游者采取不文明的旅游方式,也可能对旅游地的资源环境造成损害。近年的一些研究,如李鹏和杨桂华(2007)指出某些形式的旅游是对自然资源高需求和高消耗的活动[2];李亚娟等(2010)提到,随着旅游业的快速发展,越来越多的旅游目的地,特别是以自然资源为依托的目的地,已经产生了严重的生态环境问题[3];熊国保等(2012)认为,我国自然环境复杂,区域地质旅游资源开发与保护程度不同,各区域间经济社会发展差距明显,局部地区生态环境问题突出,迫切需要加大对地质旅游开发中资源和生态环境保护的力度[4];杨桂华和张一群(2012)强调,旅游活动对生态环境造成了很大的破坏,生态补偿已经成为我国国家层面的重大问题[5]。应该说,认识到旅游业对生态环境的负面影响是一种进步,但是在研究旅游生态补偿机制时不能只看到这种负面影响,还应该看到旅游业对生态环境的正面影响,只有这样才能合理地确定生态补偿的方向和标准,不至于误导决策。概括起来,旅游发展对于生态文明建设的积极作用至少有以下方面:

一是旅游发展有利于为生态保护和地方发展提供资金。旅游发展能够以较小的生态环境成本获得较大的旅游收入,在改善当地居民生活的同时也能为生态保护和地方发展提供资金。特别是对于一些生态敏感区域,旅游业往往是比较优势产业,有利于为这些区域的发展提供新的途径。根据我国主体功能区规划,有一些区域是限制开发、禁止开发的区域,在这些地区不适合发展工业,但是这些地区可能有很好的旅游资源,因此可以发展旅游业。现代的旅游资源不一定是名山大川或名胜古迹,随着休闲度假的兴起,良好的生态环境就足以构成很好的旅游资源。

二是旅游发展有利于提高公众生态意识。对于旅游者来说,旅游活动意味着在现场参与中自觉接受生态教育。这种以旅游的方式进行生态教育,最大的优点就是这种教育不是条文式、灌输式的教育,而是让人们在旅游过程中潜移默化地感受到大自然的美丽和神奇,并自觉认识到保护生态环境的重要意义。对于当地居民来说,由于能够在旅游发展中获得一定收入,从而能够使他们真正认识到绿

水青山就是金山银山,进而对当地居民出于经济目的而破坏生态环境的行为有一定抑制作用。

三是旅游发展也有利于传播地方在生态环境保护方面的良好形象。特别是从国家层面来看,传播在生态环境保护方面负责任大国的形象尤为重要。据国际生态旅游协会估计,目前生态旅游以每年10%~12%的速度增长[6]。让更多的国际游客到中国来进行生态旅游,让他们切身感受中国为生态文明做出的种种努力,是传播我国国家形象新的有效途径。

二、重新审视旅游生态补偿标准的确立思路

补偿标准是旅游生态补偿机制的核心问题,它不仅直接关系到补偿的力度和效果,而且其确定的逻辑实际上蕴含了对旅游生态补偿的理解,并且会影响到旅游生态补偿主客体的确定以及补偿的实现。

目前关于旅游生态补偿标准的确定主要有4种思路,分别从旅游资源价值、机会成本、生态保护成本、支付意愿等不同方面来确定[1]。其中旅游资源价值是指生态环境作为旅游资源体现的价值,是生态系统服务价值在旅游活动中的体现;机会成本是指由于发展旅游业而放弃原有产业或不能发展其他产业的机会损失;生态保护成本是指实施生态环境的保护管理所需要的人、财、物力,是实施生态保护行为的直接成本;支付意愿是指为维护和提升目的地旅游资源质量旅游者愿意进行的潜在付出。

《关于开展生态补偿试点工作的指导意见》指出,生态补偿机制是以保护生态环境、促进人与自然和谐为目的,根据生态系统服务价值、生态保护成本、发展机会成本,综合运用行政和市场手段,调整生态环境保护和建设相关各方之间利益关系的环境经济政策。由于支付意愿从本质上说也是旅游资源价值的一种评估方法,是生态系统服务价值的组成部分,可以看出,上面关于确立旅游生态补偿标准的4种思路,对应的就是《关于开展生态补偿试点工作的指导意见》中提到的生态补偿机制的3个依据:生态系统服务价值、生态保护成本、发展机会成本。

对于一个区域来说,生态保护成本、发展机会成本是该区域实施生态保护行为带来的成本,而生态系统服务价值则是实施生态保护行为带来的效益。由于成本由该区域承担,而效益却不限于该区域,因此区域之外的受益方应该对该区域进行补偿。补偿最高的限度当然是外部受益方的全部受益,如果不考虑本区域因生态保护的受益,则最低限度是生态保护成本和发展机会成本之和。从经济学的角度讲,只有当收益超过成本时,这种生态保护行为才是有效率的。

当我们考虑到旅游业的发展时,其生态补偿问题就要复杂得多。

我们不妨做一个思维实验。假设一片森林要实施严格的保护管理,每年维护成本是 x_0,发展机会成本是 Y_0,产生的溢出生态效益是 Z_0,则外部受益方应支付森

林的权益方($x_0 + Y_0$)和Z_0之间某个数额的补偿,设为A_0。在补偿之后,森林的权益方得到了生态保护的正常回报,外部受益方保持不小于0的受益,因而这种保护管理是符合帕累托最优改善的。现在决定发展旅游业,由于旅游开发经营和旅游活动会对生态环境造成一定影响,维护成本会上升,设为X_1;产生的溢出生态效益会下降,设为Z_1;发展机会成本维持Y_0不变。由于外部受益方受益减少,现在它愿意支付的补偿减少到A_1,$A_1 \leq A_0 - (Z_0 - Z_1)$。按照帕累托最优改善标准,旅游发展的受益方至少要支付给森林的权益方$(A_0 - A_1) + (X_1 - X_0)$的补偿,最高限度则不能超出旅游发展受益方的全部净受益。

通过上述思维实验,容易看出,简单地从旅游资源价值、机会成本、生态保护成本、支付意愿等方面来确定旅游生态补偿标准是有问题的。首先,旅游资源价值和支付意愿不是旅游发展受益方的净收益,因为旅游开发经营需要大量的成本,只有将旅游收入减去这些成本之后才是净收益,特别是支付意愿只是潜在的付出,只具有理论上的参考意义,并不构成旅游发展的现实受益;其次,生态保护成本和发展机会成本不是全部应该由旅游发展受益方来承担的,旅游发展受益方并不是生态保护受益者的全部,其他生态保护的受益方同样应该分担生态保护成本和发展机会成本。

三、区分两个层面的旅游生态补偿

现在很多研究者之所以提出以生态保护成本和发展机会成本作为旅游生态补偿的最低标准,是由于在加入了旅游发展变量之后忽略了其他生态保护的利益相关者所致。为加深理解,我们可以换一个角度进行分析。在一个工业污染很严重的区域,现在改为发展旅游业,收入减少了但是生态环境变好了,这个时候当然应该是由生态环境变好的外部受益方来补偿该区域,用于作为该区域发展旅游业而不是工业带来的经济损失的补偿。正如《关于开展生态补偿试点工作的指导意见》提到的,旅游业实际上是一种替代性产业。相对于一般的工业生产,旅游发展带来的生态环境破坏较少;而相对于严格的保护管理,旅游发展又能带来就业、收入等发展机会,因而在很多情况下旅游发展是区域发展和生态保护平衡下的一种次优选择。

我们在西双版纳进行调查时,当地官员就介绍,西双版纳其实蕴藏有丰富的矿产资源,但是由于要保护生态环境,当地政府和人民自觉抵制了开发矿产的诱惑,坚持以旅游业作为支柱产业,虽然获得的经济收入要少一些,但是保住了青山绿水。西双版纳的生态环境保护不仅对地区本身有益,而且能够在更大范围内发挥作用,是国家的生态屏障。这种情况下就应该由更大范围的地区乃至国家给予一定的生态补偿,而不是说只用旅游业发展带来的收入来补偿。旅游资源富集区同时也是矿产富集区的地方有很多,比如有"天然画屏"之称的张家界天门山,也有贮藏量十分丰富的镍钼矿资源,当地围绕是开发矿产还是发展旅游一直有着很激烈的争议。看上去是因为发展旅游业导致矿产资源不能开发,带来了机会成本,这个成本应该由旅游业来支付。但更深地思考后,我们就会发现,这一机会成本不仅不应该是旅游业应该支付的成本,反而应该是区域发展旅游业应获得的补偿。这是因为从区域发展来看,本来可以获得更高的收入,现在因为要保护生态环境只能发展旅游业,因而收入降低了,自然应该由生态环境保护的受益方来进行补偿。

在以上分析中还没有考虑到旅游业发展对提高国民生态意识、传播国家良好形象等方面的作用,如果考虑到这些因素,则一个区域发展旅游业还应该得到更多的补偿。

我们可以将由于旅游发展带来的对区域整体的生态补偿称为区域间的旅游生态补偿,这和在区域内部由于旅游发展引致的生态利益关系的调整是两个不同层面的旅游生态补偿,后者也可以称之为区域内的旅游生态补偿。从前面的思维实验中可以得知,区域内的旅游生态补偿应建立在区域间的旅游生态补偿基础上,旅游发展的受益方支付给生态保护区域的权益方最低补偿标准为$(A_0 - A_1) + (X_1 - X_0)$,最高标准则是旅游发展受益方的净受益。

四、区域内旅游生态补偿的主客体和生态补偿的实现

在既有的研究中,提出的旅游生态补偿主体有旅游者、旅游企业、政府部门等,提出的补偿对象有生态系统、生态破坏受损者和生态保护者、利益受损产业等[1]。由于这些旅游生态补偿的主客体之间存在复杂的利益关系,简单地将他们并列为旅游生态补偿的主体或客体,不利于分析他们在旅游生态补偿中的真正角色,也就是究竟应该承担何种责任或享有何种权益。

一个区域发展旅游业,其典型模式可以概括为:开发经营者以资源使用费等支付给资源权益方费用,获得的是进行旅游开发经营的权利;旅游者通过门票等方式支付给开发经营者费用,获得的是进行旅游活动的权利。在上面两组交换关系中,正常的情况下应该是双方都能从交换中获益,不存在哪方受损的问题,因此也就不存在谁补偿谁。那么,现在为什么要提出区域内的旅游生态补偿问题呢?这是由于在过去的旅游发展中往往只从经济方面的成本效益来考虑,而忽视了旅游发展对生态环境的影响,从而有可能导致资源的扭曲配置。现在提出旅游生态补偿机制,则是意图将生态环境方面的成本效益也纳入到资源配置机制当中。

在上面这个典型的旅游发展模式中,由于考虑到旅游发展对生态环境的影响,则资源权益方可能要求旅游开发经营者支付更高的资源使用费,增加的资源使用费就是旅游发展提供的生态补偿;而旅游开发经营者为了弥补自身增加的成本很可能提高门票等产品价格,旅游者因此也会增加一些支出,注意这个增加的

支付只是构成旅游生态补偿的来源,本身并不是旅游生态补偿。在旅游开发经营者市场势力较大的情况下,其增加的成本可能完全转嫁到旅游者身上,则虽然旅游生态补偿在形式上由开发经营商支付,但实质上却是完全来自于旅游者的支付。由此可以看出,旅游生态补偿的真正主体主要是旅游者,而不是旅游企业。

以上是一个简化的旅游生态补偿模式,并没有考虑到生态环境的外部性问题。由于生态环境具有很强的外部性,资源权益方从自身的成本效益出发,容易低估旅游发展对生态环境的影响,从而从区域整体来看资源配置还是存在扭曲的。在这种情况下,政府部门作为区域整体利益的代言人,就可以通过将支付给资源权益方的生态保护补贴和生态环境状况相挂钩的办法将这种外部性内化。对于资源权益方来说,在和旅游开发经营者谈判时,就会考虑到旅游发展有可能导致从政府部门获得的生态保护补贴的减少,从而索取一个更高的资源使用费。根据上面的分析,政府部门可能对生态保护者给予补贴,但这种补贴是由于整个区域能够从生态保护中获益而给予的回报,而不是因为旅游发展给予的补偿。

在上述模式中,旅游生态补偿的对象就是资源权益方。在实践中,生态环境资源一般为国家所有或当地居民集体所有,其中国家所有往往又由具体的部门或单位代行权利,因而,当地居民以及有关政府部门或单位构成了旅游生态补偿的客体。由于生态环境的外部性,资源权益方之外的利益相关者也可能受到生态环境破坏的影响,但是由于他们并不是资源权益方,他们并没有主张生态补偿的权利,如果他们希望生态环境得到保护,可以和资源权益方进行交易,比如说缴纳一定的生态环境保护费用。研究者提到的生态系统和受损产业本身并不直接构成旅游生态补偿的客体,生态破坏和产业损失可以通过资源权益方的索求得到补偿。

不过在理论上,将生态系统作为独立的一方来考虑有其意义。根据帕累托最优改善原则,一个区域在选择发展旅游业时,所有利益相关者的净收益都不能减少。如果将生态系统作为独立的一方,则意味着旅游发展对生态造成的破坏必须通过一定手段予以恢复,这对旅游发展提出了更高的要求,但也更符合可持续发展的本意——对生态系统的破坏不能通过对人的补偿来实现补偿。就前面提到的思维实验而言,如果旅游发展后生态环境能够通过一定的手段恢复到原状,也就是 $A_0 - A_1 = 0$,则这时旅游发展的受益方显然只需要支付增加的维护成本部分($X_1 - X_0$)。

五、结论

在运用生态补偿的一般理论来分析旅游生态补偿问题时要特别注意其适用性。旅游生态补偿应该理解为旅游发展带来的生态补偿问题,而不是旅游业对生态环境的破坏进行补偿。生态系统服务价值、生态保护成本、发展机会成本是建立生态补偿标准的依据,但在运用于分析旅游生态补偿时,不能简单地把所有的生态保护成本和发展机会成本都视为发展旅游的成本,也不能把整个旅游收入视为旅游业从生态系统服务中获得的价值。在旅游生态补偿中,旅游者其实是生态系统服务的最终受益者,因而也就是最终和最主要的补偿主体,不过这种补偿往往通过旅游开发经营者间接进行。旅游生态补偿有其最低标准和最高标准,只有在旅游生态补偿符合帕累托最优改善原则的情况下,旅游发展才是有效率的。

【参考文献】

[1]蒋依依,宋子千,张敏.旅游地生态补偿研究进展与展望[J].资源科学,2013,35(11):2194-2201.

[2]李鹏,杨桂华.云南香格里拉旅游线路产品生态足迹[J].生态学报,2007,27(7):2954-2963.

[3]李亚娟,胡静,张渭.浅析生态补偿机制在旅游业中的应用[J].中国人口·资源与环境,2010,20(5):222-225.

[4]熊国保,胡婷婷,罗志红.区域地质旅游开发中的生态补偿机制构建——以鄱阳湖生态经济区为例[J].江西社会科学,2012(8):66-70.

[5]杨桂华,张一群.自然遗产地旅游开发造血式生态补偿研究[J].旅游学刊,2012,27(5):8-9.

[6]钟林生,王婧.我国保护地生态旅游发展现状调查分析[J].生态学报,2011.31(24):7450-7457

Reflections on Certain Compensation Problems Relating to Ecological Damages in Tourism Regions

SONG Zi-qian, JIANG Yi-yi

(*China Tourism Academy, Beijing 100005 , China*)

Abstract: This paper discusses the standard, priority and types of compensation to ecological damages in tourism regions. Generally speaking, tourism is an environment - friendly and resource - saving industry and in many regions tourism has developed as a substitute industry of ecological and environmental protection. The ecological and environmental damages thus caused should be compensated. . Considering tourist ecological compensation, In doing so, we not only need to take into account the destruction of ecological environment and the revenue that tourism has generated, but also the cost of tourism and the interest of those beneficiaries outside of tourism. In addition, positive effects on ecology and environmental protection due to tourism promotion need to be considered as well. As to compensation within a region, it is the party benefited from tourism development who should make a compensation to the party who own the resources. The latter includes general tourists who are the final and ultimate recipient of the compensation. Standard for the minimum compensation is the sum of the increase in the cost of ecological protection and the decrease in the compensation obtained from other beneficiaries. Standard for the maximum compensation should not exceed the net income of the beneficiaries of the tourism development

Key words: tourism; tourist ecological compensation mechanism; Pareto optimality improvement

产业研究

城市旅游产业效率的静态特征、动态演进与政策取向

韩元军

(中国旅游研究院,北京 100005)

【摘要】 从静态效率的整体特征来看,2005—2009年我国城市旅游业的综合技术效率均值相对较低,但是综合技术效率随着时间呈现出不断提升的趋势,由2005年的0.35增长为2009年的0.72;从静态效率的区域特征来看,我国城市旅游经济规模与旅游发展效率的区域非协调问题较显著。从城市旅游产业的动态效率看,2005—2009年我国16个城市旅游业的全要素生产率(TFP)整体呈现6%的缓慢提升趋势,其中,TFP提升主要是由技术效率促成的,而技术进步缓慢则限制了我国旅游业全要素生产率更快的提升。未来需要从政策顶层设计、市场化、企业经营过程监管、适宜旅游发展模式、信息技术应用、商业模式创新等方面提升城市旅游产业的效率水平。

【关键词】 城市旅游产业;静态效率;动态效率;DEA-BCC模型;DEA-Malmquist指数

一、引言

工业化、城镇化战略和改革开放推动我国经济持续健康发展,促使老百姓可支配收入不断增加,再加上近年来推行的假日制度改革使老百姓闲暇时间增多,这些因素综合起来推动了我国旅游业繁荣。现阶段我国已经实现了由旅游资源大国向旅游经济大国的转变,正在积极向世界旅游强国迈进,而城市旅游产业效率提升对于世界旅游强国实现至关重要。城市既是一个国家或地区的主要旅游目的地又是主要旅游客源地,城市旅游对于促进我国经济繁荣与社会发展至关重要,近年我国政府通过中国优秀旅游城市评选、旅游综合配套改革等举措促进城市旅游健康可持续发展,城市旅游发展问题备受学术界和政府关注。现阶段,我国各行业都在努力转变经济发展方式,从注重规模提升向质量、规模并重转变,从

[基金项目] 本文系国家社科基金(编号:10ZD&051)、国家自科基金(编号:41101044)的研究成果之一。

[作者简介] 韩元军(1981—),男,山东潍坊人,经济学博士,中国旅游研究院助理研究员。研究方向:旅游政策与发展战略,旅游产业效率。

注重产业规模向注重产业效率转变。对城市旅游发展来说,产业效率持续提升对于城市旅游业转型升级与整体经济社会发展都至关重要,因此,城市旅游效率研究具有重要的理论与实践价值。城市旅游产业效率提升既涉及固定时间点的静态效率提升问题,又涉及随时间变化的动态持续提升问题,目前从静态和动态两方面分析我国城市旅游效率的研究在国内较少,本文拟对城市旅游产业效率的静态特征和动态演变进行尝试性研究,并提出城市旅游产业效率提升的政策取向。

为了系统分析中国城市旅游产业的静态效率和动态效率,本文将通过数据包络分析(DEA)方法,采用DEA-BCC模型计算城市旅游业的静态效率,同时采用DEA-Malmquist指数方法计算城市旅游业的动态效率。两种方法均利用DEAP 2.1软件,分别研究2005—2009年中国16个城市旅游产业的静态效率及其分解效率,了解各城市旅游产业效率的区域特征,同时分析16个城市旅游产业动态效率的状况,在此基础上提出城市旅游产业效率提升的政策组合。

二、变量选取、数据来源和估算方法

(一)变量选取和数据来源

在中国城市旅游业效率估算的投入指标选择上,选择资本和劳动作为投入要素:一是选择16个城市所有旅游企业的固定资产原值作为资本投入指标,为消除价格因素,以固定资产投资价格指数折算为2009年的价格,单位是亿元,二是选择16个城市所有旅游企业的旅游从业人数作为劳动力投入指标,单位是万人;在产出指标选择上,选择16个城市所有旅游企业的营业收入作为产出指标,并且为剔除价格因素,以固定资产投资价格指数折算为2009年的价格,单位是亿元。

由于2010年以后国家旅游局不再提供分城市的旅游企业数据,因此本文所选数据来源于《中国旅游统计年鉴(副本)》(2005—2010)、《中国统计年鉴》(2005—2010)。根据数据的可得性和研究目的,本文选取沈阳、大连、长春、哈尔滨、南京、无锡、苏州、杭州、宁波、厦门、武汉、广州、深圳、桂林、海口、成都共16个城市作为研究对象。

(二)静态效率测算的数据包络分析(DEA)方法

数据包络分析(Data Envelopment Analysis,DEA)是由库珀(Cooper,1978)等人最早提出的,利用求解线性规划最优值来评价一组同质决策单元(DMU)相对效率的非参数系统分析方法。相对于随机前沿面(SFA)等需要设定参数的效率估算方法,DEA方法具有无须事先设定特定的生产函数就能进行效率估算的优势,它的基本思路是将每一个评价对象作为决策单元(DMU),通过比较同一时点所有DMU的投入产出以决定它们共有的最佳生产前沿面,再比较每个DMU与最佳生产前沿面的差距确定这个DMU是否具有效率,如果这个DMU位于最佳生产前沿面上,则具有效率,否则,不具有效率。库珀(Cooper,1978)等提出了基于规模报酬不变假定的计算相对效率的 DEA – CCR 模型,然而,该模型的假定往往不符合经济现实,库珀(Cooper,1984)等扩展了 DEA – CCR 模型,提出了基于规模报酬可变的 DEA – BCC 模型,并且将效率分解为纯技术效率和规模效率两种,这对于分析现实经济较契合,鉴于此,本文采用 DEA – BCC 模型。此外,DEA 模型分为基于投入导向和基于产出导向两种,基于投入导向是指在特定产出水平下使投入量最小化,基于产出导向是指在特定投入水平下使产出量最大化,两种导向方法的原理是相近的,鉴于此,本文采用产出导向的 DEA – BCC 模型进行分析,所用软件是 DEAP2.1。DEA – BCC 模型如下:

假定存在 n 个决策单元(DMU),则每个决策单元 $DMU_j(j=1,2,\cdots,n)$ 有 s 种投入和 t 种产出,则 $x_j = (x_{1j} + x_{2j} + \cdots + x_{sj})^T$ 和 $y_j = (y_{1j} + y_{2j} + \cdots + y_{sj})^T$ 分别是第 j 个决策单元 DMU 的投入量和产出值,X、Y 分别表示 $s \times n$ 维投入矩阵和 $s \times t$ 维产出矩阵,线性规划方程为

$$MAX_{\phi,\lambda} \phi$$
$$s.t. \quad -\phi y_j + Y\lambda \geq 0$$
$$x_j - X\lambda \geq 0$$
$$N1^T \lambda = 1$$
$$\lambda \geq 0$$

其中,λ 是 $N \times 1$ 维常数向量,$N1^T \lambda = 1$ 是一个凸性假设,它满足规模报酬可变的约束,$1 \leq \phi < \infty$,$1/\phi$ 是产出导向的技术效率值,介于 0 与 1 之间。

(三)动态效率测算的 DEA – Malmquist 指数方法

上文所述的 DEA – BCC 模型可以测算特定时间生产技术不变情况下的综合技术效率及其分解的纯技术效率与规模效率,它是静态效率的测算方法。但是如果考虑时间变化因素,则不同时期点的生产技术可能变化,再利用上文生产技术不变假设下的 DEA – BCC 模型测算动态效率会存在误差,因此,测算跨时期我国城市旅游业的动态效率变化需要利用计算全要素生产率及其分解变量即技术进步变化率、技术效率变化率的 DEA – Malmquist 指数方法。全要素生产率(TFP)通常以 Malmquist 指数表示,可以以此说明动态效率的演进情况,该指数最先由卡沃斯(Caves,1982)等提出,它是一种理论上的生产力指数,后来经过法如(Fare,1994)等进一步扩展后,发展为可以将全要素生产率分解为效率、技术与生产规模变动相关成分的指数,从而 Malmquist 指数的应用变得更加普遍。本文的 Malmquist 指数计算采取面向产出导向的规模报酬可变(VRS)生产状态下的 DEA – Malmquist 指数方法得出。

如果时期 t 的技术作为参考技术,则基期 t 和时期 s 之间的表征全要素生产率

变化的 Malmquist 指数可以定义为 $m_0^t(q_s, x_s, q_t, x_t) = \dfrac{d_0^t(q_t, x_t)}{d_0^t(q_s, x_s)}$, $m_0^t(q_s, x_s, q_t, x_t)$ 的值大于 1 意味着从时期 t 到时期 s 的全要素生产率提高, $m_0^t(q_s, x_s, q_t, x_t)$ 的值小于 1 则意味着全要素生产率的降低。

根据卡沃斯(Caves, 1982)、法如(Fare, 1994)等人的思路,Malmquist 指数可以表示为三个指数的几何平均,并分解为效率变化和技术进步,用公式表示就是

$$m_0^t(q_s, x_s, q_t, x_t) = \frac{d_0^t(q_t, x_t)}{d_0^s(q_s, x_s)} \left[\frac{d_0^s(q_t, x_t)}{d_0^t(q_t, x_t)} \times \frac{d_0^s(q_s, x_s)}{d_0^t(q_t, x_t)} \right]^{1/2} = EF \times TE$$

在上述公式中,效率变化 $EF = \dfrac{d_0^t(q_t, x_t)}{d_0^s(q_s, x_s)}$,技术进步 $TE = \left[\dfrac{d_0^s(q_t, x_t)}{d_0^t(q_t, x_t)} \times \dfrac{d_0^s(q_s, x_s)}{d_0^t(q_t, x_t)} \right]^{1/2}$,同时,效率变化 EF 又可以分解为纯效率变化 PEF 乘以规模效率变化 SE,其中,

$$PEF = \frac{d_0^t(q_t, x_t)}{d_0^s(q_s, x_s)}, \quad SE = \left[\frac{\dfrac{d_{ov}^t(q_t, x_t)}{d_{oc}^t(q_t, x_t)}}{\dfrac{d_{ov}^t(q_s, x_s)}{d_{oc}^t(q_s, x_s)}} \times \frac{\dfrac{d_{ov}^s(q_t, x_t)}{d_{oc}^s(q_t, x_t)}}{\dfrac{d_{ov}^s(q_s, x_s)}{d_{oc}^s(q_s, x_s)}} \right]^{1/2}$$

,规模效率变化 SE 是两个规模效率变化指数的均值。

三、效率测算结果与分析

(一)城市旅游业静态效率的整体特征

整体来看,2005—2009 年我国城市旅游业的综合技术效率平均值为 0.60,刚刚达到及格水平,在技术水平既定条件下,我国城市旅游业产出投入比离最优临界面还有 40% 的提升空间。为了分析影响综合技术效率的因素,特将旅游综合效率分解为纯技术效率和规模效率进行分析,2005—2009 年我国城市旅游业的纯技术效率平均值为 0.75,规模效率平均值为 0.69,因此,2005—2009 年我国城市旅游企业规模没有发挥规模经济优势,随国内市场规模变化没有及时调整经营规模,导致整体上城市旅游业规模效率较低,而规模效率较低又拉低了综合技术效率水平。虽然 2005—2009 年我国整体的城市旅游业综合技术效率平均值较低,但是从我国城市旅游业静态效率的整体发展趋势看,我国城市旅游业的综合技术效率随着时间呈现出不断提升的态势(见图 1),城市旅游综合技术效率平均值由 2005 年的 0.35 提升到 2009 年的 0.72,效率水平得到大幅提升。2005—2009 年我国城市旅游业综合技术效率不断提升是与各城市通过相应举措提升纯技术效率与规模效率是分不开的。一方面整体上各城市通过积极整合旅游行政管理部门的机构设置或者提升部门综合协调能力不断提升旅游行政服务效率,各城市旅游企业通过借助电子商务、移动智能设备、信息技术等技术创新显著提升了企业管理与服务效率;另一方面通过各城市企业进入退出门槛降低促使旅游市场竞争

更加充分,企业可以按照盈亏情况和市场需求适时调控自身旅游经营规模,客观上使自身的规模效率不断提升,因此,纯技术效率与规模效率联合提升效应使我国城市旅游业综合效率呈现不断提升态势。

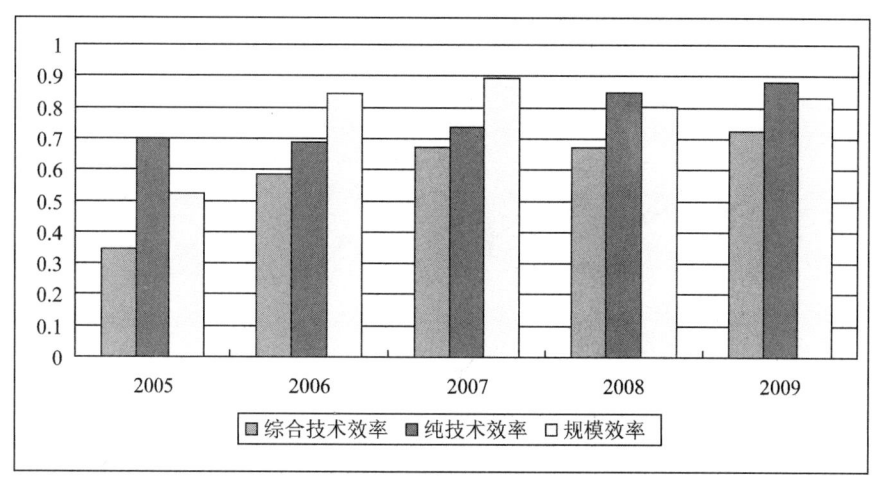

图1 2005—2009年中国城市旅游产业效率的静态特征

(二)城市旅游业静态效率的区域特征

从我国城市旅游产业效率值总体表现(见图2)来看,我国16个城市中旅游业综合技术效率均值存在较大的波动特征,各城市综合效率差距较为明显,综合技术效率均值达到0.60及格水平以上的有8个,它们是沈阳、南京、无锡、苏州、杭州、厦门、广州、成都,综合技术效率均值达到0.70一般水平以上的有6个,它们是沈阳、南京、无锡、杭州、厦门、广州,仅有南京一个城市的旅游综合效率均值达到0.80以上的优秀水平,而综合技术效率均值位于0.60及格水平以下的城市也达到8个,它们是大连、长春、哈尔滨、宁波、武汉、深圳、海口、桂林,这说明我国大部分城市的旅游业平均效率偏低,在这些城市旅游经济规模迅速扩大的背景下,我国城市旅游发展效率与其旅游经济规模并没有同步提升,效率与规模的区域非协调问题较显著。

从效率分解的角度看,我国16个城市旅游业的纯技术效率均值超过0.7的有10个,它们是沈阳、长春、哈尔滨、南京、无锡、杭州、宁夏、广州、桂林、海口,其中,纯技术效率均值超过0.8的有6个,它们是沈阳、长春、南京、无锡、广州、海口。纯技术效率均值低于0.6的有两个,它们是大连和武汉。同时,我国16个城市旅游业的规模效率均值超过0.7的也有10个,它们是沈阳、大连、南京、无锡、苏州、杭州、厦门、武汉、深圳、成都,其中,规模效率均值超过0.8的有3个,它们是沈阳、大连、武汉,沈阳的规模效率均值超过0.9。规模效率低于0.6的城市有4个,它们是长春、哈尔滨、桂林和海口。通过比较发现,与规模效率相比,我国城市旅游业的纯技术效率均值变化相对稳定,最大值与最小值差距不如规模效率那样随区域变化明显,但是两者都体现出一定的空间分化特征,不同城市之间的纯技术效率与规模效率存在较明显区别,这一方面与16个城市旅游资源禀赋差异和城市经济基础不同密切联系,另一方面与后天的城市旅游业管理机制体制创新、服务创新或者旅游业投入产出规模效应不同密切相关。

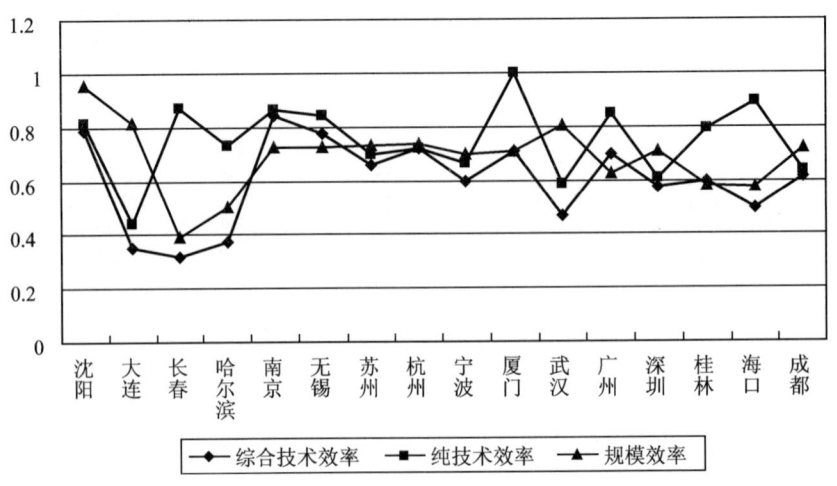

图2 2005—2009年中国16个城市旅游业综合技术效率及其分解效率的平均值

(三) 城市旅游业动态效率的演进

从动态效率角度看,2005—2009年我国16个城市的全要素生产率(TFP)整体呈现增长趋势(TFP平均值为1.06),但是增速较为缓慢,年均只有6%的增长率。由于全要素生产率(TFP)等于技术变动(TE)乘以技术效率变动(EF),因此,通过2005—2009年的技术变动和技术效率变动状况可以分析我国全要素生产率呈现缓慢增长的原因。表1显示,2005—2009年我国16个城市旅游业的技术进步平均水平都是下降的(TE<1),这说明我国全要素生产率下降主要是受技术进步影响导致的,因为影响全要素生产率的另一个因素即技术效率变动的方向都是提升的(EF>1)。从我国城市旅游业的技术进步水平总体偏低的原因看,各城市旅游业的技术进步水平总体偏低与旅游业是劳动密集型服务业特征是密切相关的,但是与我国正在提倡的通过技术进步和效率提升加速旅游业向现代服务业转变的战略有较大差距,说明2005—2009年我国通过技术进步促进旅游业向现代服务业转变的相关战略执行不到位,未来应该激励各城市相关旅游企业提高技术进步在企业发展中的作用,切实推进旅游企业向现代服务业转变。表1显示,除沈阳外,2005—2009年我国15个城市技术效率变动的方向是提升的(EF>1),说明我国15个城市的旅游企业整体上对于效率提升是十分重视的,15个城市的旅游企业通过引进适宜技术设备、创新旅游管理和服务效率显著提升了各自城市的旅游技术效率;从技术效率变动分解为纯技术效率变动和规模效率变动情况看,2005—2009年16个城市中14个的纯技术效率变动均值大于1(PE>1),只有沈阳、长春两个城市的纯技术效率变动均值小于1,而16个城市中的15个规模效率变动大于1(SE>1),只有沈阳的规模效率变动小于1,这说明各城市中推动技术效率变动的纯技术效率变动和规模效率变动两个因素均有提升是2005—2009年我国技术效率能够显著提升的原因。从提升幅度来看,2005—2009年纯技术效率变动提升幅度最大的是厦门市,达到35%,提升最小的是长春市,达到－17%;2005—2009年规模效率变动提升幅度最大的是长春市,达到53%,最小的是沈阳市,达到－1%。因此,提升我国各城市技术效率的纯技术效率变动和规模效率变动存在很大的不协调性和不平衡性,未来需要从区域协调性和均衡性方面下工夫,效率提升缓慢的城市需要加大力度做好纯技术效率(PE)和规模效率(SE)提升,效率提升快的城市需要做好动态效率提升的维持和保障工作,从而从全国层面切实提高我国旅游企业的总体效率水平。

表1 2005—2009年中国16个旅游城市的全要素生产率平均值及其分解情况

	EF	TE	PE	SE	TFP		EF	TE	PE	SE	TFP
沈阳	0.95	0.79	0.96	0.99	0.75	宁波	1.32	0.77	1.22	1.08	1.01
大连	1.26	0.84	1.19	1.06	1.06	厦门	1.40	0.76	1.35	1.04	1.07
长春	1.27	0.83	0.83	1.53	1.06	武汉	1.40	0.76	1.20	1.17	1.06
哈尔滨	1.32	0.83	1.27	1.04	1.09	广州	1.40	0.82	1.00	1.47	1.21
南京	1.44	0.80	1.17	1.23	1.16	深圳	1.27	0.83	1.03	1.23	1.05
无锡	1.39	0.82	1.30	1.07	1.13	桂林	1.37	0.78	1.24	1.10	1.06
苏州	1.35	0.81	1.13	1.20	1.09	海口	1.14	0.83	1.09	1.05	0.95
杭州	1.38	0.72	1.10	1.25	0.99	成都	1.56	0.79	1.21	1.29	1.24
中国16个旅游城市平均值							1.33	0.80	1.14	1.76	1.06

注:麦氏TFP指数(TFP)等于技术变动(TE)×技术效率变动(EF),而技术效率变动(EF)等于纯技术效率变动(PE)×规模效率变动(SE),即TFP=TE×EF=TE×PE×SE。

四、城市旅游产业效率提升的政策取向

2005—2009年我国城市旅游产业效率的静态效率均值较低,但是随时间显现逐渐提升的态势,从区域角度看,各区域的城市静态效率差异较明显,甚至同一区域也相差悬殊,从动态效率看,代表动态效率的全要素生产率(TFP)提升缓慢,年均只有6%,这与技术进步缓慢密切相关。未来需要从政策顶层设计、推进市场化、加强企业经营过程监管、实施适宜旅游发展模式、加大信息技术应用、加快商

业模式创新等方面提升城市旅游产业的效率水平。

第一,以旅游发展质量提升为契机做好城市旅游产业效率提升政策的顶层设计。当前我国已经实现了旅游资源大国向旅游经济大国的转型,旅游经济规模巨大,但是我国城市旅游业的发展质量有待提升,劳动、资本等初级生产要素在旅游经济增长中的作用依然突出,效率、技术、人才等高级生产要素在旅游发展中的作用有待加强,在我国提出将旅游业培育成为国民经济的战略性支柱产业与人民群众更加满意的现代服务业的指导下,国家旅游相关部门需要从土地、税收、技术进步、效率提升、信息技术应用、商业模式创新等方面出台相应的支持政策,做好旅游产业效率提升政策的顶层设计。

第二,以市场化和市场监管为手段加快旅游业综合效率提升速度。从静态效率的整体特征来看,我国城市旅游业的综合技术效率随着时间呈现出不断提升的趋势,由 2005 年的 0.35 增长为 2009 年的 0.72,效率水平显著提高,这是由城市旅游业的纯技术效率和规模效率均稳定提升决定的,我国城市旅游纯技术效率均值由 2005 年的 0.70 提升到 2009 年的 0.88,规模效率均值由 2005 年的 0.52 提升到 2009 年的 0.88,但是从综合效率绝对值看,综合效率还有较大提升空间。未来,我国一方面要继续加大市场力量在地区旅游经济中的作用,减少行政干预,提高地区旅游市场要素的流动性,降低旅游企业市场进入退出壁垒,激发旅游企业服务、管理创新的积极性,另一方面要切实降低旅游企业进入门槛,重点做好旅游企业的服务、运营过程监管,使旅游企业能够更加自由地在市场经济中释放活力。

第三,以城市旅游经济禀赋为基础形成适宜旅游发展模式。从静态效率的区域特征来看,我国城市旅游经济规模与旅游发展效率的区域非协调问题较显著,而且各城市旅游业综合技术效率还存在较大差距,这与很多城市不根据自身实际纷纷超前发展旅游业紧密相关。旅游业是资本和技术密集型的现代服务业,不是传统意义上的劳动密集型服务业,要形成发达的旅游经济和高品质的服务质量必须有大量的资本、技术和人才作为支撑,在一个地区旅游资源、经济发展禀赋不是很突出的情况下,仍然大规模发展旅游经济则会造成资源得不到有效利用,造成效率低下。因此,不同城市要根据城市旅游经济禀赋条件和旅游目的地发展周期谨慎选择政府主导还是市场主导、超前型还是自然型发展模式。

第四,以信息技术应用和商业模式创新为契机引领旅游行业技术创新。从城市旅游产业的动态效率看,2005—2009 年我国 16 个城市的全要素生产率(TFP)整体呈现缓慢提升趋势,年均只有 6% 的提升率,这其中技术效率显著提升对于全要素生产率提高起了关键推动作用,而技术进步缓慢则限制了我国全要素生产率整体的提升水平。未来我国各城市要以信息技术应用为代表的旅游电子商务在旅游活动中的广泛应用为契机,做好吃住行游购娱等旅游过程的业态创新,以老百姓舒适、安全、便利为终极目标,旅游管理部门通过制定引导性政策,从旅游适宜技术使用、旅游服务和管理创新、旅游商业模式创新等方面进行全方位激励与引导,最终形成一个兼容企业个体理性与城市旅游业集体理性的常态化动态效率提升体系。

【参考文献】

[1]Farrell M J. The measurement of productive efficiency[J]. Journal of Royal Statistical Society,1957,120(3):253－278.

[2]Morey, R. and Dittman, D.. Evalatn a Hotel GM's Performance: A Case Study in Benchmarking [J] Cornell Hotel and Restaurant Administration Quarterly, 1995,36(10): 30－35.

[3]Timothy J. Coelli, D. S. Prasads Rao, Christopher J. O'Donnell etc.. An Introduction to Efficiency and Productivity Analysis (Second Edition)[M]. Springer,2nd edition (August 25, 2005).

[4]陶卓民,薛献伟,管晶晶.基于数据包络分析的中国旅游业发展效率特征[J].地理学报,2010(8):1004－1012.

[5]曹芳东,黄震方,吴江,徐敏.城市旅游发展效率的时空格局演化特征及其驱动机制[J].地理研究,2012(8):1431－1444.

[6]韩元军,夏少颜,周生辉.中国旅游业服务质量规制与产业效率提升[J].财贸经济,2011(10):127－134.

[7]左冰,保继刚.1992—2005年中国旅游业全要素生产率及省际差异[J].地理学报,2008,63(4):417－427.

[8]林源源.我国区域旅游产业经济绩效及其影响因素研究[D].南京航空航天大学,2010.

[9]许陈生.我国旅游上市公司的股权结构与技术效率[J].2007(10):34－39.

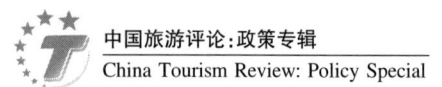
China Tourism Review: Policy Special

The Static Characteristics, Dynamic Evolution and Policy Orientation of Urban Tourism Industry Efficiency in China

HAN Yuan-jun

(*China Tourism Academy*, *Beijing* 100005, *China*)

Abstract: The comprehensive technical efficiency rate of urban tourism industry was comparatively low from 2005 to 2009, however, the comprehensive technical efficiency of urban tourism industry was gradually becoming higher and increased from 0.35 in 2005 to 0.72 in 2009, and the regional disequilibrium between urban tourism's economy of scale and the comprehensive technical efficiency was obvious. The TFP of 16 cities in China slowly increased 6%, and it relied on the improvement of technological efficiency of tourism industry while the slow technological progress hindered the improvement of tourism industry's TFP. China should enhance the efficiency levels of urban tourism industry in many fields such as policy design, market orientation, business process monitoring, suitable tourism development mode, application of information technology and business model innovation.

Key words: urban tourism industry; static efficiency; dynamic efficiency; DEA – BCC model; DEA – Malmquist index

旅游业与三次产业融合发展研究

——以河北省廊坊市为例

吴丽云

(中国旅游研究院,北京 10005)

【摘要】 产业融合是国际产业发展的趋势之一,也是旅游产业发展的重要趋势。采用灰色关联方法对廊坊市旅游业与三次产业的关联度进行分析,结果显示,廊坊市旅游业与第一产业的关联度最强,与第二、三产业的关联度一般。廊坊市旅游业与三次产业的融合发展可通过功能拓展、市场共享、产业链延伸等多途径进行,推动农业旅游、工业旅游、会展旅游等的发展。

【关键词】 旅游业;三次产业;产业融合

一、引言

簇群化、融合化和生态化是经济全球化背景下国际产业发展的三大趋势[1]。产业融合最早发生于信息产业,主要以技术融合形式存在,通过数字技术,使原本各自独立的产品之间产生融合[2]。随后,技术融合现象开始由信息通信行业蔓延至机械工具、功能食品、包装技术等行业领域[3],并扩展至传统行业,在不同产业或同一产业内的不同行业,通过相互渗透、相互交叉,最终融为一体,逐步形成新的产业。在技术创新、管制放松、全球化数字通信网络建设等因素的共同推动下,产业融合领域不断扩展,在第一产业与第二、三产业之间以及第二产业与第三产业间,均出现了融合发展的态势[4]。

产业融合的发生,使一些传统产业的边界消失或收缩,在原有产业边界形成新的产业形态,推动产业发展。产业融合使新技术融入传统产业,推动传统产业的高新技术化[5];催生新产品、新服务、新业态、新市场,促进传统产业的资源开发和资源整合,提高资源的整体利用效率,推动产业结构升级换代和产业组织形态变化,最终实现经济增长及产业发展[6]。

旅游业在发展中,由于其本身具有需求串联的特点,即旅游活动的发生引发

[作者简介] 吴丽云(1975—),女,汉族,山东省临沭县人,中国旅游研究院副教授,理学博士,主要研究方向为产业融合、旅游经济研究。

相关消费与供给,因此旅游产业界限并非分明,而是具有很强的产业类型渗透性,与其他产业之间存在着千丝万缕的交叉联系。产业融合在旅游业不仅是存在的,而且其天然就具有与其他产业融合发展的特性[7]。相关研究表明,旅游业与农业、房地产业、文化产业、创意产业、会展业等均出现了融合发展的迹象,新型业态不断出现[8-11]。旅游业与三次产业的融合发展已成为旅游资源创新、旅游业态创新、旅游市场开拓和旅游产业转型的重要推手,代表了旅游产业发展的新趋势。

二、廊坊市旅游业与三次产业融合发展评价

旅游业与三次产业的融合程度,从宏观层面上反映为旅游业与各产业之间的关联程度。灰色关联度评价法是20世纪80年代初由邓聚龙教授创立,根据因素之间发展趋势的相似或相异程度,衡量两个因素关联程度的一种方法。本文选用灰色关联方法分析旅游业与三次产业之间的关联情况,以此来判断廊坊市旅游业与三次产业之间的融合程度。选取廊坊市地区生产总值、第一产业生产总值、第二产业生产总值、第三产业生产总值以及旅游业总收入等五个因素进行灰色关联度分析。

根据灰色关联度的计算原理,运用公式1,计算廊坊市旅游业与相关产业的综合关联度。

$$\rho_{0i} = \theta\varepsilon_{0i} + (1-\theta)\gamma_{0i} = \theta\frac{1+|s_0|+|s_i|}{1+|s_0|+|s_i|+|s_i-s_0|} + (1-\theta)\frac{1+|s_0'|+|s_i'|}{1+|s_0'|+|s_i'|+|s_i'-s_0'|}$$

公式1

$$|s_i| = \left|\sum_{k=2}^{n-1}X_i^0(k)+\frac{1}{2}X_i^0(n)\right|, |s_i'| = \left|\sum_{k=2}^{n-1}X_i'^0(k)+\frac{1}{2}X_i'^0(n)\right|, i=1,2,3,4$$

其中ρ_{0i}为旅游业与三次产业的综合关联度,θ为关联系数,ε_{0i}为旅游业与三次产业的绝对关联度,$\theta\gamma_{0i}$为旅游业与三次产业的相对关联度。

表1 廊坊市旅游业总收入和三产产值(2005—2009年)

	2005	2006	2007	2008	2009
X_0 旅游总收入(万元)	315200	362500	426400	436700	520500
X_1 第一产业产值(万元)	1007478	1068000	1164397	1293553	1381436
X_2 第二产业产值(万元)	3360444	4007000	5007900	5955841	6259600
X_3 第三产业产值(万元)	1844338	2145000	2667016	3265545	3962910

资料来源:产值数据来自2006、2007、2008、2009、2010年廊坊市经济年鉴;旅游数据来自廊坊市旅游局

选取2005—2009年廊坊市旅游总收入及三次产业生产总值作为原始数据(见表1),运用公式1,计算出廊坊市旅游业与三次产业之间的关联系数,结果如下:

$\rho_{01} = 0.811438, \rho_{02} = 0.694653, \rho_{03} = 0.701157$

根据结果可知,廊坊市旅游业与第一产业的关联度最高,并达到0.8的较高水平,说明廊坊市农业与旅游业具有较强的联动性。廊坊是北京的"菜篮子",农业在城市经济中占有相对重要的位置。同时,以吃农家饭、观乡村景、采摘田园蔬菜和果品、购买土特产等为特色的乡村旅游活动的开展,提升了农业产品的价值,延伸了农业价值链,通过旅游活动的开展,实现了餐饮、游览、购物、娱乐、交通等综合性消费,农业与旅游业结合的经济效果初步显现。但目前廊坊市旅游业与农业的融合仍然停留在初级阶段,缺乏深层次的融合,尚未形成关联性强的大农业旅游链条。

廊坊市旅游业与第二产业、第三产业的关联度一般,旅游业对第二、三产业的带动效应未能有效发挥。廊坊市第二产业增加值占地区生产总值的54%,第二产业相对发达,以香河家具为代表的加工业是廊坊市的一张金字名片。但廊坊市的工业发展与其他产业之间缺乏协调,IU比(劳动力工业化率与城市化率的比值)为0.76,NU比(非农化率与城市化率的比值)为1.36[12],表明廊坊市城市化发展滞后于工业化程度,工业发展对其他产业的带动作用较弱,未来有加快与第三产业融合、增强产业联动性的压力。廊坊市第三产业在其地区经济中所占比重有不断增加的趋势,会展、住宿、交通运输、教育等均有所发展,但第三产业与旅游业的联动性不强,会展、温泉、娱乐等优势性的第三产业尚未实现与旅游业的联动发展,制约第三产业与旅游业的深度融合。

综上所述,廊坊市旅游业与三次产业之间关联作用尚处于一般水平,尤其是与第二、第三产业之间,与第一产业之间的融合虽小有成效,但仍处于相对初级的融合阶段。旅游业与三次产业之间融合的深度、广度有待于在更高层面上提高,并通过功能拓展、市场共享、产业链延伸等多种途径进一步增强产业融合效果,加快旅游业与三次产业之间的融合发展。

三、廊坊市旅游业与三次产业融合发展的途径

旅游业的高关联性和无边界特征使旅游业天然具有与其他产业融合的特性。廊坊市旅游业与三次产业的融合需要提高三次产业的关联度,要以廊坊具有优势的产业为基础,深入挖掘各产业的旅游功能,以旅游产业融入为切入点,全面渗透并延伸传统产业的生产链条,提高产业附加值。

(一)旅游业与农业的融合途径

廊坊市旅游业与农业的融合即以大旅游发展为理念,以都市观光、采摘、休闲体验农业为核心,以科技创新为手段,通过需求推动、供给支撑,供需双方相互促进,推动旅游业与农业的高度融合,构建现代休闲农业。通过旅游策划和设计,将传统农业资源,如乡村、农田、农作物、农村生活等转变为旅游资源,并进而开发为

可体验、可参观、可休闲的乡村旅游产品。开发配套的乡村住宿、餐饮、娱乐、购物、文化节目、民俗表演等具有乡村特色的产品,延伸乡村旅游产业链条,提升农业的就业吸纳率和农业附加值。旅游业与农业的良性互动、融合发展的途径与机制,见图1。

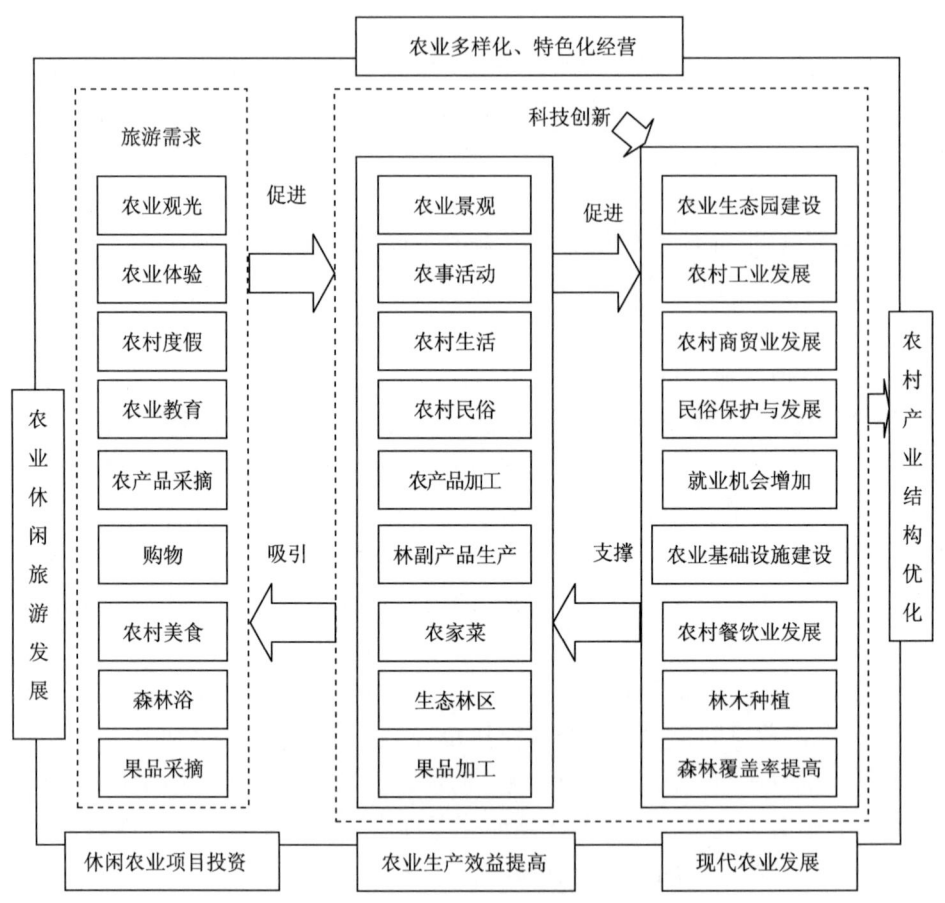

图1　廊坊市旅游业与农业的融合途径与机制

(二)旅游业与工业的融合途径

工业旅游是以工业企业、工厂的工作场景、生产流程、企业文化、企业风貌等为旅游吸引物,通过为旅游者提供参观、体验、参与等服务,使旅游者了解工业企业生产与操作流程,感受企业文化及工业文化,参与或体验工业企业生产过程的某个环节或完整流程,满足旅游者的求知、求新、求奇心理,实现工业与旅游业协作共生、互利共赢的旅游活动形式。

廊坊市现有的家具生产企业、以好丽友为代表的食品加工企业、以富士康为代表的电子产品加工企业、以青岛啤酒为代表的啤酒工业企业,企业知名度高,生产的产品与消费者的日常生活息息相关,对消费者具有较大的吸引力,是工业旅游发展的依托;旅游者出于求知、求新、求奇、体验以及购物等目的外出旅游,是工业旅游发展的推动者;工业与旅游业的融合共生推动了工业旅游的出现和发展,工业旅游是工厂、企业等机构在正常生产之外的旅游功能拓展。旅游者通过到工业企业参观游览,亲自参与部分工业产品或旅游纪念品的制作,可以为工业企业带来直接的旅游收入和配套的餐饮、住宿、娱乐等收入,延长了工业产业链条,也可形成对工业产品的直接消费及对工业企业和产品的口碑宣传效应。廊坊市家具加工业与旅游业融合发展途径,见图2。

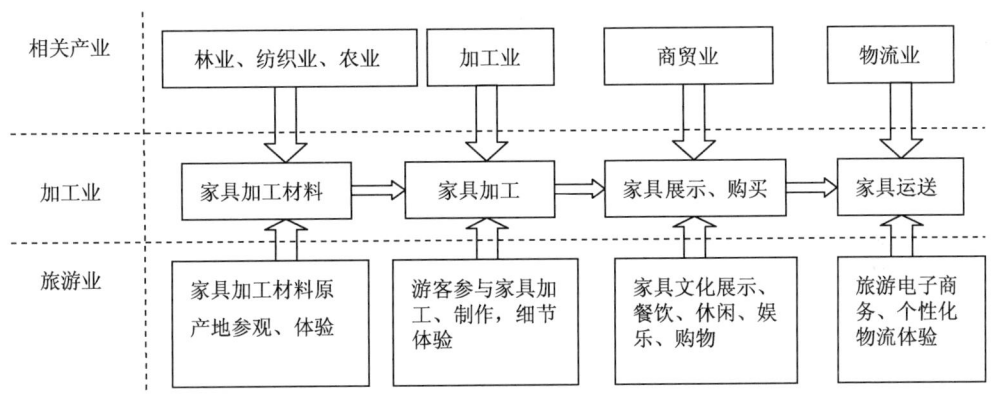

图2 家具加工业与旅游业及相关产业融合发展途径

(三)旅游业与会展业的融合途径

廊坊市是河北省会展场馆数量最多、面积最大的城市,其会展业在国内已形成了一定的知名度和影响力。会展业对相关产业具有强大的关联带动作用,据世界国际会议组织国际大会和会议协会(ICCA)统计,在全世界每年举办的大型国际会展中,会展本身产生的经济收入与关联的相关行业的社会收入是,召开一次会展,会展本身收入只占10%,其余90%来自交通、住宿、餐饮、娱乐、购物等方面[13]。会展与旅游融合而生的会展旅游已成为旅游市场的新兴力量。

廊坊市会展业与旅游业的融合主要通过以下几个途径实现:旅游部门参与会展活动的产品设计、宣传和营销全过程;旅游企业针对会展主题及参与者的需求特征,设计与之相配套的旅游线路,吸引会展参与者参加旅游活动,实现会展业与旅游业的市场共享,并带动景区、餐饮、购物、娱乐等产业的发展;旅游企业在日常经营的旅游线路中,将主要会展场馆纳入旅游线路,在无展期间,组织游客前来参观、体验,以充分利用展会场所,避免闲置,延长场馆的使用时间,增加会展业效益;会展业通过开发场馆、设施的旅游功能,可以丰富廊坊市旅游产品类型。通过产业融合互动发展,推动廊坊市会展品牌化、增强会展业竞争力、强化旅游品牌和城市旅游形象,实现会展业和旅游业的共同发展强大。

(四)旅游与温泉产业的融合途径

以休闲、疗养、养生为主要作用的温泉产业是休闲度假旅游发展的基础之一。早在1326年,比利时就出现了欧洲第一个温泉疗养地。16世纪,英国医生特纳对温泉治疗作用的宣传引发了欧洲国家的温泉旅游热。温泉产业在我国的开发是休闲度假旅游发展的必然选择。廊坊有燕郊镇地热异常区、牛驼镇地热异常区、凤河营地热异常区、廊坊区地热异常区、文安地热异常带和大城地热异常区等6处地热异常区,其中牛驼镇地热资源最好,初步形成了永固霸温泉度假区。廊坊现有温泉度假村数量少、布局分散,未能形成规模效应;现有温泉度假村的产业合作能力差,与旅游业及其他产业的合作少,温泉产业的联动效应小。

廊坊温泉休闲产业的未来发展应通过温泉产业与旅游业的相互融合,以旅游业推动温泉产业发展,以温泉产业促进和加快旅游业的发展,并通过温泉旅游的发展,带动农林牧渔以及第二、第三产业的发展。旅游业与温泉产业的融合是两个产业在相同时间点上相互协调、相互推进的过程,温泉产业在发展演变中不断作用于旅游业,旅游业也不断反作用于温泉产业。旅游者对休养、保健、健康、休闲的追求推动地热资源和温泉度假产品的开发;温泉产业是包含温泉沐浴、温泉休闲等内容于一体的综合性的产业,不仅向旅游者为主的消费者提供温泉洗浴、康体、保健等旅游产品,同时也提供餐饮、住宿、娱乐、购物、观光等配套产品;温泉产业的发展离不开旅游业和旅游市场的支持,旅游业的发展可以为温泉业带来人气和客源,推动温泉产业的发展;同时,温泉产业的发展又会带动当地旅游业的发展,增强当地的旅游吸引力,促进当地旅游环境的改善、旅游基础设施的建设等,两个产业不断互动,互为依托,互相促进,共同融合进步。

(五)旅游与文化产业的融合途径

文化是旅游的灵魂,在各地旅游竞争日益激烈的形势下,旅游业发展中的文化底蕴建设尤为重要,文化产业与旅游业的协作共生是增强一地旅游业竞争力和吸引力的重要手段。文化产业与旅游业的融合发展,既可以推进文化产业的产业化发展,增强文化产业的经济效益,又可以丰富旅游业的文化内涵,塑造旅游业独特的产业形象,推动旅游业的持续发展。

廊坊文化产业较为丰富,有回、满少数民族文化,以"屈家营音乐会"、"胜芳音乐会"为代表的音乐文化,以蒙镶、柳编等为代表的工艺文化,为文化产业与旅游业的融合发展奠定基础。但廊坊文化资源的产业化程度低,文化资源价值未被挖掘,文化产业的附加值低,经济效益差,文化资源的存在及发展受到威胁。廊坊满族、回族的生活日益被同化,传统习俗弱化;屈家营音乐会和胜芳音乐会面临传承困难,人才青黄不接,收入不稳定导致青年人参与积极性不高;各类工艺产品虽然具有较强的艺术价值和使用价值,但其生产主要靠手工作坊,规模不大,经济效益不高,工艺的传承同样堪忧。

廊坊文化产业的发展现状威胁到其未来的可持续发展,因此,廊坊应加强旅游业与文化产业的融合,借助旅游平台推动文化软实力的硬化,增强文化产业竞争力。廊坊文化产业与旅游业的融合发展将是一个双赢过程,将民族文化、音乐文化、工艺文化作为独特的旅游资源进行旅游开发,通过旅游策划、旅游节庆活动、文化旅游商品开发等方式将文化产业融入旅游业发展中,增强廊坊旅游产品的文化内涵,彰显旅游特色,增强旅游产品的竞争力;借助旅游平台,推动廊坊对民族、音乐和工艺文化资源的挖掘、保护,有助于增强文化产业的市场吸引力,提高经济效益,实现文化的产业化发展。

四、廊坊市旅游业与三次产业融合发展的政策建议

旅游产业融合的兴旺发达,要以资源的富集为基础、以市场需求为动力、以制度保障为关键、以技术发展为支撑。廊坊市旅游业与三次产业的融合是市场需求推动下、现代技术支撑下自然发生的产业融合现象,目前仍处于相对浅层次的融合阶段,未来的可持续发展和深度融合,需要政府政策的支持和发展引导。廊坊市政府需要以创新的视角、超前的发展理念、科学的发展观为指导,积极促进旅游业与三次产业的融合发展,在管理机制、政策法规、发展资金等方面对旅游产业的融合发展给予支持,推动旅游业与三次产业的深度融合发展。

(一)成立专门行政管理机构,推进旅游管理体制改革

借鉴国内其他城市的先进做法,成立专门行政管理机构,打造多部门、一站式政务服务机制,为产业融合发展提供行政保障。如成都市成立了博览局,形成了涵盖公安、交通、卫生等30多个政府部门和单位的会展一站式政务服务机制,以推动成都会展业和旅游业的融合发展。进一步放松产业管制,推动旅游产业跨界治理机制的建设。旅游产业是民生性产业和竞争性产业,政府应放松产业管制,以吸引更多人才、资金、技术等资源进入旅游产业,促进旅游产业的更新换代。充分考虑旅游业综合性、关联带动性强的特点,考虑旅游对城市发展的影响,推动跨界治理机制的建设。在产业融合发展中,各产业会因规则、利益、资源分配而产生冲突,单凭旅游局现有职能无法协调众多行业、企业的利益,可考虑借鉴北京等其他省市的经验,建立职权高于产业成员主体的旅游发展委员会来统一协调成员主体行为,全面推动产业竞争力的提升。进一步强化政策引导效应,推动产业协作。加强各产业间的信息沟通和协作,从中寻找创新产品的可能;相关产业行政主管部门共同探索、联合出台有助于产业融合发展的促进政策,应打破部门分割的思维沉疴,充分考虑旅游消费需求的多样性,以开放的观念寻求产业发展的更大空间,以产业主管部门联动政策的出台,促进产业结构的升级换代;根据产业融合发

展的需要,编制产业融合规划,出台产业融合标准,引导产业融合行动。

(二)加强科学规划,出台促进产业融合发展的政策

加强对全市产业融合的整体控制和引导,避免低水平重复建设和资源浪费,制定科学的产业发展规划,对旅游业与农业、家具工业、会展业、温泉产业、文化产业的融合发展予以引导。出台促进、规范产业融合发展的政策、标准、规定等,全面推进旅游业与上述三次产业之间的融合发展。通过税收、资金等优惠政策,集中科技、人才、资金等有效资源,引导企业、投资机构、农户等参与乡村旅游、温泉旅游、文化旅游、工业旅游、会展旅游等项目的开发。

(三)实施更加优惠的财政税收政策,探索投融资机制改革

设立旅游产业融合发展专项基金,积极争取省财政对廊坊专项转移支付的补助;积极申请国家服务业发展引导资金,并申请省财政予以配套;借鉴兄弟城市推动产业融合发展的经验,对积极参与、效果显著的产业融合发展企业给予一定时期的减免税收政策;对旅游产业融合类项目给予税收优惠,免收各种行政事业性费用;降低产业融合类项目经营企业的工商注册门槛,减免相关行政事业收费,允许企业注册资金部分到位,剩余资金分期入账。

成立旅游投资公司或旅游开发公司,搭建旅游产业融合发展的投融资平台,引导资金投向旅游产业;围绕旅游产业融合,积极引进股权投资基金管理企业,引导社会资本投资旅游产业融合领域和项目。鼓励、扶持民间金融活动,鼓励农民通过成立乡村旅游发展资金互助社等形式,投资乡村旅游基础设施、公共服务及旅游产品的开发和建设;加强项目融资,引进战略合作伙伴,建设旅游高端项目的融资平台;通过上市融资、发行企业债券、参与私募资金、股权置换等多种形式推进旅游和相关企业的融资。

五、结语

产业融合是经济全球化和信息技术浪潮冲击下国际产业发展的重要趋势。产业融合不仅发生在信息产业领域,也已蔓延至三次产业,并成为旅游业发展的重要趋势。本文运用灰色关联法计算廊坊市旅游业与三次产业之间的关联度,结果表明,廊坊市旅游业与第一产业的关联度最高,与第二、三产业之间的关联度一般,旅游业与三次产业之间的联动效应未能有效发挥,有待于通过产业融合发展提升廊坊市旅游业与三次产业之间的关联互促效应。廊坊市旅游业与三次产业融合发展的新途径包括:挖掘传统产业的旅游功能,构建旅游业与三次产业全链条融合机制,推动农业旅游、工业旅游、会展旅游、温泉旅游、文化旅游等的发展。并通过更加有效的机构、体制改革,更加科学的规划和更具实效的财税政策,全面推进廊坊市旅游业与三次产业的融合发展。

【参考文献】

[1] 厉无畏,王振. 中国产业发展前沿问题[M]. 上海:上海人民出版社,2003.

[2] Yoffie D B. Introduction:CHESS and competing in the age of digital convergence[A]. In:Yoffie, D B(ed.). Competing in the age of digital convergence[C]. Boston,1997.

[3] Bally N. Deriving managerial implications from technological convergence along the innovation process:a case study on the telecommunications industry[R]. Swiss Federal Institute of Technology(ETH Zurich),2005.

[4] "北京二、三产业融合"课题组. 北京市第二、三产业融合实证分析. 调研世界,2012(2):19-23.

[5] 李晓丹. 产业融合与产业发展[J]. 中南财经政法大学学报,2003(1):54-57.

[6] 周振华. 产业融合:产业发展及经济增长的新动力[J]. 中国工业经济,2003(4):46-52.

[7] 徐虹,范清. 我国旅游产业融合的障碍因素及其竞争力提升策略研究[J]. 旅游科学,2008,22(4):1-5.

[8] 朱江瑞. 宁夏文化旅游与文化产业融合发展探析[J]. 宁夏社会科学,2011(6):150-152.

[9] 陈琳. 从产业融合的角度探讨农业旅游的发展[J]. 黑河学刊,2006(2):27-29.

[10] 王业良. 产业融合理论在旅游房地产发展对策中的应用[J]. 湖南人文科技学院学报,2008(5):51-54.

[11] 刘志勇,王伟年. 论创意产业与旅游产业的融合发展[J]. 企业经济,2009(8):127-130.

[12] 吴丽云. 大都市区边缘区域旅游发展模式研究[M]. 北京:旅游教育出版社,2013.

[13] 张广瑞,魏小安等. 旅游绿皮书[M]. 北京:社会科学文献出版社,2002.

Research on Convergence among Tourism Industry and Three Industries: A Case Study of Langfang City

WU Li-yun
(China Tourism Academy, Beijing 10005)

Abstract: Integration of the industry is one of the international industry trends, and also the important trend of tourism industry. This article analyzes the association between tourism industry and the three industries through grey correlation analysis. The result shows Langfang tourism has the strongest association with the primary industry, and has ordinary association with the second and the tertiary industry. Convergence among tourism industry and three industries can be strengthened through function expansion, market share, industry chain extension and other ways, agricultural tourism, industrial tourism, convention and exhibition tourism will get more development chance.

Key words: tourism industry; three industries; industry convergence

满意度研究

高等院校旅游管理专业学生实习满意度分析和政策建议

杨劲松[1,2,3]　赵小丽[4]　吕悦[4]

(1. 中国旅游研究院,北京　100005;2. 中国社会科学院工业经济研究所,
北京　100836;3. 北京首旅集团,北京　100020;
4. 北京联合大学旅游学院,北京　100101)

【摘要】本研究在问卷分析基础上,试图探索高等旅游教育大学生实习满意度和相关影响因素之间的关系。结果表明,招聘制度、胜任能力要求和实习单位对实习生的态度与实习生满意度有紧密联系。并根据研究结果,给出了相关政策建议。

【关键词】实习;旅游管理;满意度;政策建议

一、问题的提出

中国旅游教育兴起于1978年(Zhao,1991),目的是改变行业人才匮乏的状况(Cullen,1988)。无可否认,旅游教育作为旅游业发展的基础保障,具有强烈的行业特色与明确的目标性,而实践是教育过程的重要环节和检验旅游教育成效的唯一标准(邓爱民,1999)。随着我国旅游业的发展,有较高理论水平又有较强实践能力的应用型旅游高校大学生越来越受到旅游用人单位的重视和欢迎,实习成为不可或缺的实践教学环节(钟秉林,2001)。

为满足产业服务标准不断提高的要求,旅游教育理念发生了变革。扎戈纳瑞(Zagonari)认为,旅游教育和旅游专业学生在旅游发展中起着不同作用:创造需求和满足需求。而一个好的旅游教育框架,必须考虑到四个利益相关者:旅游企业、学生、学校和政府机构(Zagonari,2009)。泊伊尔(Boyle)等考虑到利益相关者在人力资源培育中的重要地位(Boyle, Boguslaw, & David, 2003)。实践中,一些四年制的饭店管理学位开始把培养重点集中于某一个特殊的点,力图达到业精人专(Goodman & Sprague,1991)。

[作者简介] 杨劲松(1976—),男,重庆人,管理学博士,中国旅游研究院副研究员,中国社科院工经所和北京首旅集团博士后,主要研究方向为旅游经济、旅游国际化、旅游投资和旅游规划;赵小丽(1965—),女,北京联合大学旅游学院副教授,主要研究方向为旅游企业人力资源管理、旅游企业组织管理。

这时,胜任力开始为各方重视。大家认识到,在旅游管理专业学生获得胜任能力的过程中,实习扮演了相当重要的角色(Roberts, 1998)。在此基础上的产业培训计划(Industrial Training System, ITS)迅速得到各方青睐(Collins, 2002)。

我国旅游教育实习制度始建于20世纪80年代末期,先后出现了学校统筹安排模式,学校统筹与自主选择相结合及学生完全自主选择实习3种模式(侯国林,2004)。旅游管理专业学生的实习往往安排在酒店、旅行社及相关旅游部门。本研究试图以某知名旅游院校的学生实习活动为基础,探索影响实习满意度的因素,并有针对性地提出建议。

二、相关文献综述

(一)实习及实习满意度定义

戴维斯(Davies, 1990)认为实习是一种特定的体验学习。福克斯(Fox, 2001)认为实习是弥补学校理论和现实世界巨大差距的绝佳机会。保兹等(Pauze et al., 1989)指出实习等价于实地调查、现场体验、实习课和有控制的实验性学习。麦克马洪和奎因(McMahon & Quinn, 1995)指出实习是"监督下的工作体验"(Supervised Work Experience, SWE),是在专门方针和指定教师指导下进行的。本研究的实习定义就是建立在麦克马洪和奎因的定义之上的。

按照坎达姆普利(Kandampully, 2001)的理论,一个人的期望和他感知之间的关系决定了他是否满意。期望表明实践之前对事物的认识,而感知意味着实践后对事物的认识。感知和期望之间的差距决定了人的满意度。

(二)胜任能力研究

胜任能力不仅是旅游产业对合格毕业生的要求,同时也与学生的实习满意度有联系。泰瑟(Tas)列出了饭店高层对胜任能力的要求(Tas, 1988),恩茨·雷纳汉和盖勒(Enz, Renaghan & Geller, 1993)的研究筛选出相关的胜任技能。路易斯(Lewis, 1993)更加突出了认知能力的重要性。阿什利等(Ashley et al., 1995)认为10类能力最值得重视:服务技能;创造性思维;财务技能;交流技能;服务导向;全面质量管理;问题识别和问题解决;倾听技能;个人和系统的电脑操作。桑维斯(Sandwith, 1993)明确了认知能力、领导能力、人际能力、管理能力和技术能力的重要性。

(三)酒店实习满意度研究

酒店招募人员认为应大幅延长(为当前的三倍)学生的实习时间(Downey & DeVeau, 1988),认为这是提高学生实习满意度的重点。有研究者认为,在较高层次的教育中,实习为学生带来的深入体验至关重要(Litvin, 2003)。鉴于实习的地位,许多开设旅游课程的大学积极建设自己的实习饭店(Captive Hotel),便于学生实习和进行有控制的实验(LeBruto & Murray, 1994)。

伯塔(Berta,2003)发现佛罗里达的酒店管理学生对实习带来的"潜在的发展空间"有最高期望,这与实习后的最高感知"管理经验提升"形成鲜明对比;尚(Chan et al.,2002)研究发现,香港的旅游管理学生期望实习给他们带来职位提升和个人成长,但是实习后的感知却只局限于职位提升,实习并不具备学生事先期望的效力。瓦瑞扎克(Waryszak,2000)评估了墨尔本本地和国际学生对于合作实习的感知。他发现在同事内聚力、实习老师支持、工作压力、控制和创新等维度上显得更为突出。克努森(Knutson,1989)和查尔斯(Charles,1992)则发现:缺乏竞争和缺乏管理成为实习学生的抱怨重点。

克里斯托(Christou)研究了实习条件对学生满意度的影响(Christou,1999);莱姆和卿(Lam & Ching)分析了香港酒店专业学生对实习的期望和现实情况的差异,评估了这些差异和学生满意度之间的关系。研究发现,实习管理老师,团队合作精神和参与,自主权和来自实习老师的帮助决定了学生对于实习的满意度(Lam & Ching,2007)。

邹燕萍(1999)、马海洋(1997)、李培荣(1999)、姜建忠(2002)分别对旅游管理专业实习前的准备教育、学生实习心理变化和班主任在旅游管理专业实习中的作用进行了分析和研究。刘洋(2004)、黄绍平(2007)和邓振锋等(2004)先后开展了有关旅游管理专业实习效果的研究。而黄绍平从酒店实习的效用问题、酒店实习类型与酒店实习过程管理等不同角度,总结了近十年来国内教育界在开展酒店实习方面所取得的学术成果。张利民等(2001)提出旅游管理专业要重视能力培养,建立以专业培养目标为中心的理论教学体系,实现产学研结合,建立"双线"人才培养模式。

可以看到,尽管国内外在旅游管理专业学生实习方面做了大量的研究,但是大部分是定性研究,缺乏定量的分析。尤其在中国内地学生实习满意度分析方面更为薄弱,这也为本文的研究提供了机会。

三、研究假设

研究认为影响学生实习满意度的因素主要有:实习薪水,招聘机制(学生对实习单位的知晓和选择能力),胜任能力要求,实习管理模式(主要包括实习管理老师,团队合作精神和参与,自主权和来自实习老师的帮助等因素的综合作用),实习单位态度(实习单位对待实习生态度,比如实习条件)和学校实习要求(学校的培养计划的相关要求)。基于此,针对学生实习满意度,作者提出假设:

H1:实习薪水高低具有显著差异;H2:学生对招聘机制认知态度具有显著差异
H3:胜任能力要求高低具有显著差异;H4:实习管理模式认知具有显著差异
H5:实习单位态度认知具有显著差异;H6:学校实习要求高低具有显著差异

四、研究方法与过程

(一)研究样本

采用整群抽样的方法,选取知名旅游院校旅游管理专业已完成实习的学生为研究对象。问卷共发放130份,回收得到有效问卷共计107份,问卷回收率达到82.3%。其样本的基本特征为:91.59%的实习单位由学校联系安排,仅有8.41%是学生自己联系的;25.23%的学生在小规模的单位实习,51.40%的学生在中等规模的单位实习,23.36%的学生在大规模的单位实习;学生居住地与实习单位距离在20公里以外的有39.25%,10~20公里的有27.10%,10公里以内的有33.64%。由于2/3的同学到达实习单位的路途较远,有可能影响学生的实习满意度感知。

表1 学生对学校实习管理模式的反馈

维度	要素	比例
实习单位来源	学校提供	91.59%
	学生提供	8.41%
实习单位规模	小(5000万元以下)	25.23%
	中(5000万元~5亿元)	51.40%
	大(5亿元以上)	23.36%
实习单位与住处距离	10公里以内	33.64%
	10~20公里	27.10%
	20公里以外	39.25%
学校管理状况	合理	14.95%
	还可以	68.22%
	不合理	16.82%
对《实习大纲》了解程度	了解	6.54%
	基本了解	57.94%
	不了解	35.51%
《实习大纲》适用程度	适用	15.9%
	基本适用	81.3%
	不适用	2.80%

续表

维度	要素	比例
实习成绩考核方式	合理	10.28%
	基本合理	80.37%
	不合理	9.35%
与实习老师联系频度	经常	13.08%
	偶尔	47.66%
	没有	37.26%

（二）测量工具

研究采用问卷方法收集有关学生实习与满意度方面的数据。调查采用的是自主发展的"实习因素与实习满意度调查问卷"。根据研究构思，调查问卷中所要测量的主要是学生实习各因素与学生实习满意度之间的关系。

问卷的效度以建构效度为主，根据文献探讨及分析的结果，经由专家学者充分评估内容效度，编制时能力求严谨。并且，量表建立后，经由北京联合大学旅游学院人力资源管理专家及实习单位人力资源专家评断。结果显示量表各题项均易为受试者接受，可以提高作答动机与合作意愿，具"表面效度"；且各题项对实习满意度具有高度代表性，并能适切地涵盖各衡量维度内涵，具"内容效度"。

问卷中的问题项目设计参考了以往研究中的有关调查问卷，并与有经验的实习老师共同进行了分析探讨。在问卷初测的基础上进一步分析删改，逐项审定形成了 20 条问题项目。选取实习薪水、招聘机制、胜任能力要求、实习管理模式、实习单位态度和学校实习要求等 6 项进行测量。

问卷用实习满意度为结果变量，要求被试者根据他们的实际情况对 5 点量表做出选择，从"1 非常不重要"到"5 非常重要"。

（三）数据检验与实证分析

将实习满意度作为因变量，以上 6 项作为自变量，选择统计软件 SPSS12.0 进行多元回归分析。

表 2　模型简述

Model	R	R Square	Adjusted R Square	Std. Error of the Estimate
1	0.650^a	0.422	0.387	0.472

a：实习薪水、招聘机制、胜任能力要求、实习管理模式、实习单位态度和学校实习要求等 6 项相关因素

从回归统计结果可知，$R^2 = 0.422$，表示"实习学生对实习满意程度"的变异中有 42.2% 是由以上因素所引起的。进行方差分析，发现 6 项因素影响显著，可以

用线型模型描述它们之间的关系。

分析显示,在显著水平0.05下,"实习薪水"、"实习管理模式"和"学校实习要求"对学生实习满意程度影响不显著,应该剔除。剩余的因素均对学生实习满意程度影响显著,应予保留。通过此轮分析,得出回归统计结果如下:

表3　修正后模型简述

Model	R	R Square	Adjusted R Square	Std. Error of the Estimate
1	0.625a	0.391	0.373	0.477

a:招聘机制、胜任能力要求、实习单位态度等3项相关因素

表4　修正后方差分析表b

Model	Sum of Squares	df	Mean Square	F	Sig.
Regression	15.061	3	5.020	22.022	0.000a
Residual	23.481	103	0.228	—	—
Total	38.542	106	—	—	—

a:自变量,招聘机制、胜任能力要求、实习单位态度等3项相关因素

b:因变量,实习满意度

表5　修正后相关系数 a

Model	Unstandardized Coefficients		Standardized Coefficients	t	Sig.
	B	Std. Error	Beta		
Constant	0.276	0.218	—	1.269	0.207
招聘机制	0.261	0.091	0.234	2.865	0.005
胜任能力要求	0.207	0.069	0.237	3.004	0.003
实习单位态度	0.434	0.086	0.410	5.061	0.000

a:实习满意度

在显著水平0.05下,"实习单位招聘机制"、"实习单位态度"、"胜任能力要求"的T检验结果Sig.值均<0.05。从而得出结论:这三个因素与"实习学生对实习单位满意程度"有显著的线性相关。

五、讨论

(一)招聘机制与实习满意度的相关关系

研究发现,招聘机制与实习满意度是正相关的。也就是说,学生对招聘机制

的评价直接决定了实习是否满意。对招聘机制的评价越高,实习满意度就高。同样,对招聘机制评价低,实习满意度就低。

实际上,这里关系到学生选择实习单位的自由度问题,以及相关资源能否公开透明地获取。如果学校提供的实习单位与学生心目中的实习单位差距很大,那么必然影响学生的满意水平。如果学校提供的实习单位恰好是学生心仪的,那么学生的实习满意程度就会较高。

假设2得到了验证。

(二)胜任能力要求与学生满意度的相关关系

研究发现,胜任能力要求的高低与学生满意度是正相关的。

也就是说,胜任能力要求的高低与对实习是否满意密切相关。要求越高,实习满意度就越高;同样,要求越低,实习满意度就越低。这与以往研究的结果相吻合。

学生对实习充满了期望,希望从实习中得到更多的知识和经验。如果实习胜任能力要求高,说明对学生有更高的促进作用。反之,说明实习对学生的帮助有限。

假设3得到了验证。

(三)实习单位态度与学生满意度的相关关系

研究发现,实习单位对待实习学生的态度与学生满意度密切相关。学生对实习单位的态度评价越高,实习满意度就越高。

事实上,实习单位对待学生的态度关系到学生的实习条件,学生与实习单位能否有效互动等许多方面。实习单位对学生的歧视性对待往往让学生深恶痛绝。即使实习单位在许多方面都处于业内领先位置,也会让学生的满意度大打折扣。

假设5获得了验证。

(四)实习薪水、实习管理模式和学校实习要求与学生满意度的关系

研究发现,这三个方面与学生满意度之间没有相关性。

出现这种情况的主要原因在于:第一,实习薪水并不是学生关注的重点。学生参与实习,是希望"干中学",获取课堂上不能获取的知识和经验,并且为以后的职业生涯打下基础。薪水对实习学生来说并不是考虑的重点。

第二,学校实习管理模式和学校实习要求可能与学生对实习的要求出现了某种程度的脱节。事实上,这也从一个侧面说明了中国当前旅游教育普遍存在的问题——教学与产业实际状况脱节。教育并不能有效地支撑产业的实际需要。旅游产业的胜任能力与学校对实习的要求有着较大的分歧。

六、结论和政策建议

(一)结论

研究发现,招聘机制、胜任能力和接收单位态度与实习学生的满意度密切相

关。具体来讲,更多的选择机会,实习单位选择更公开、透明和公正,实习单位对胜任能力的高要求以及实习单位为学生提供的良好实习条件都会对实习学生的实习满意度产生重大影响。同时,当前许多旅游院校花大力气做的有关工作,并没有得到学生的积极响应。实习管理模式和实习要求与产业和学生的要求差之甚远。在学生评估实习满意度时,这两个因素并没有进入他们的视线。这说明,如何以产业需要、学生需要为导向调整、安排实习制度,是需要我们长期探索和摸索的。

(二)政策建议

1. 高等旅游院校需要建立透明、公正的实习机会获取制度

研究表明,公平、透明的实习单位遴选机制在很大程度上决定了学生对实习的满意度。突出透明和公平公正的原则,杜绝家庭社会关系等非正常因素的干扰,保障用人单位为学生提供平等的实习、见习机会,让绝大多数学生通过正常渠道获得优质的实习岗位。

2. 建立实习学生和接收单位双满意度评估体系

成功的高等院校旅游管理专业学生实习应该以市场为导向,实现实习学生、接收单位和旅游高等院校共赢。这就需要明确满意度作用机理,建立学生和接收单位双满意度评估模型,构建评估体系,深入分析影响双方满意度的因素及影响程度,并建立对应政策工具箱。

3. 将职业生涯规划前置到实习期

学生的职业生涯实际上在实习阶段就已经开始了,这就需要将相应职业生涯规划前置到实习期。在实习阶段就和接收单位紧密协作,本着职业养成的思想,对学生职业生涯的主客观条件进行测定、分析,并通过科学手段测定学生的职业倾向,结合学生的兴趣、爱好、能力、特长、经历及不足等各方面进行综合分析与权衡,确定其最佳的职业奋斗目标,并为实现这一目标做出行之有效的安排。

【参考文献】

[1] M. E. Boyle, Boguslaw, J., David, B. B. 2003. *Job Training as business and community development:reframing theory and practice.* No longer published by Elsevier, City.

[2] E. S. Christou. 1999. Hospitality management education in Greece An exploratory study. *Tourism Management*,20(6):683 – 691.

[3] A. B. Collins. 2002. Gateway to the real world, industrial training: dilemmas and problems. *Tourism Management*,23(1):93 – 96.

[4] T. P. Cullen. 1988. Filling China's staffing gap. *The Cornell Hotel and Restaurant Administration Quarterly*,29(2):76 – 78.

[5] J. F. Downey, DeVeau, L. T. 1988. Hospitality internships: An industry view. *The Cornell Hotel and Restaurant Administration Quarterly*, 29(3):18 – 20.

[6] T. Lam, Ching, L. 2007. An exploratory study of an internship program: The case of Hong Kong students. *International Journal of Hospitality Management*, 26(2): 336 – 351.

[7] S. M. LeBruto, Murray, K. T. 1994. The educational value of "captive hotels". *The Cornell Hotel and Restaurant Administration Quarterly*, 35(4):72 – 79.

[8] S. W. Litvin. 2003. Tourism and understanding: The MBA Study Mission. *Annals of Tourism Research*, 30(1):77 – 93.

[9] D. Parsons. 1991. The making of managers: Lessons from an international review of tourism management education programmes. *Tourism Management*, 12(3): 197 – 207.

[10] E. H. Roberts. 1998. The innocents abroad: Do students face international internships unprepared? *The Cornell Hotel and Restaurant Administration Quarterly*, 39(4):64 – 69.

[11] R. F. Tas. 1988. Teaching future managers. *The Cornell Hotel and Restaurant Administration Quarterly*, 29(2):41 – 43.

[12] F. Zagonari. 2009. Balancing tourism education and training. *International Journal of Hospitality Management*, 28(1):2 – 9.

[13] J. - L. Zhao. 1991. A current look at hospitality and tourism education in China's colleges and universities. *International Journal of Hospitality Management*, 10(4):357 – 367.

[14] Goodman, Jr., R. J., & Sprague, L. G. 1991. Meeting the industry's needs. *The Cornell H. R. A. Quarterly*, August, 66 – 67.

[15] Riegel, C. D. 1991. An introduction to career opportunities in hospitality and tourism. In Chire, *A guide to college programs in hospitality and tourism*, New York: Wiley.

[16] Casado, M. A. 1992. Higher education hospitality schools: Meeting the needs of industry. *Hospitality and Tourism Educator*, 4(4):41 – 43.

[17] Goodman, Jr., R. J., & Sprague, L. G. 1991. Meeting the industry's needs. *The Cornell H. R. A. Quarterly*, August, 66 – 67.

[18] Enz, C. A., Renaghan, L. M., & Geller, A. N. 1993. Graduate – level education: A survey of stakeholders. *The Cornell H. R. A. Quarterly*, 34(4):90 – 95.

[19] Sandwith, P. 1993. A hierarchy of management training requirements: The competency domain model. *Public Personnel Management*, 22(1):43 – 62.

[20] Lewis, R. C. 1993. Hospitality management education: Here today gone tomorrow?. *Hospitality Research Journal*, 17(1):273-283.

[21] Ashley, R. A., Bach, S. A., Chesser, J. W., Ellis, E. T., Ford, R. C. S., LeBruto, M., Milman, A., Pizam, A., & Quain, W. J. 1995. A customer-based approach to hospitality education. *The Cornell H. R. A. Quarterly*, 36(4):74-79.

[22] Davies, L., 1990. Experience-based Learning within the Curriculum: A Synthesis Study. CNAA, Sheffield.

[23] Fox, T., 2001. A sense of place. Caterer and Hotelkeeper 189(41-60)
McMahon, U., Quinn, U., (1995). Maximizing the hospitality management student work placement experience: a case study. *Education and Training*, 37(4):13-17.

[24] Kandampully, J., Mok, C., Sparks, B., 2001. Service quality management in hospitality, tourism, and leisure. Haworth Hospitality Press, New York.

[25] Berta, D., 2003. Study shows students eager to work in hospitality. Nation's Restaurant News 24th March, 16.

[26] Chan, B., Chan, E., Qu, H., 2002. A comparative analysis of changing job selection attitudes and expectations of hospitality students in Hong Kong and Mainland China. *Journal of Hospitality & Tourism Education*, 14(1):14.

[27] Waryszak, R. Z., 2000. Before, during and after: International perspective of students' perceptions of their cooperative education placements in the tourism industry. *Journal of Cooperative Education*, 35(2/3):84-94.

[28] Knutson, B. J., 1989. Expectations of hospitality juniors and seniors: Wave Ⅱ. *Hospitality Education and Research Journal*, 13(3):193-201.

[29] Charles, K. R., 1992. Career influences, expectations, and perceptions of Caribbean hospitality and tourism students: a third world perspective. *Hospitality and Tourism Education*, 4(3):9-14.

[30] 钟秉林. 全社会都关心大学生实习[N]. 中国教育报,2001,8(17).

[31] 邓爱民. 关于"三结合"旅游教育体系研究[J]. 桂林旅游高等专科学校学报,1999,10(2):66-70.

[32] 邹燕萍. 加强旅游专业实习前的心理准备教育[J]. 中国职业技术教育,1999(10):23-28.

[33] 马海洋. 饭店实习中学生的心理变化过程及对策浅析[J]. 泰安师专学报,1997(3):32-38.

[34] 李培荣. 旅游专业学生实习心理变化分析及对策[J]. 山东师范大学学报

(自然版),1999(3):66-69.

[35]姜建忠.班主任在旅游管理专业实习中的作用[J].杭州师范学院学报,2002,32(4):56-61.

[36]刘洋.旅游管理专业实践环节实施效果分析[J].长春大学学报,2004,21(5):26-31.

[37]邓振锋,温卫宁,林增学.酒店管理专业学生实习效果调查与分析[J].桂林旅游高等专科学校学报,2004,15(2):19-24.

[38]黄绍平.近十年来国内酒店实习问题研究述评[J].桂林旅游高等专科学校学报,2007,19(2):23-29.

[38]张利民,张福安.旅游与饭店管理专业教学模式改革新思路[J].辽宁高职学报,2001,3(4):28-30.

[39]侯国林.高校旅游管理专业实习模式反思与创新[J].旅游学刊,2004,39(4):42-47.

Analysis of the Satisfaction Degree of Internship Program in College Students Majoring in Tourism Management and Policy Suggestions

YANG Jin-song[1,2,3], ZHAO Xiao-li[4], LV Yue[4]

(1. China Tourism Academy, Beijing 100005, China; 2. Institute of Industry Economics of CASS, Beijing 100836, China; 3. Beijing Tourism Group, Beijing 100020, China; 4. Institute of Tourism, Beijing Union University, Beijing 100101, China)

Abstract: This study aims to investigate the relationship between degree of satisfaction of internship program and related factors. The results show that three factors lead to students' overall satisfaction: Recruitment Institutions, Competence Ability and Employer Attitudes. According to the research results, some policy suggestions are provided.

Key words: internship; tourism management; degree of satisfaction; policy suggestions

旅游地社区居民满意度理论模型构建及其应用

周运瑜　尹华光　曾丽云

（吉首大学旅游与管理工程学院，湖南，张家界 427000）

【摘要】 在旅游满意度研究领域中，旅游地社区居民满意度的研究成果很少。本文根据结构方程模型的研究范式，在综述相关研究文献的基础上，构建了旅游地社区居民满意度理论模型。通过对典型的旅游地社区居民调查获得相关数据，运用 SPSS17.0、AMOS7.0 对基础数据进行处理与分析，研究表明：(1) 居民社区归属感、旅游获益及利益分配、正面旅游影响感知、负面旅游影响感知是影响旅游地居民满意度的4个重要驱动因素。(2) 居民社区归属感、旅游获益和利益分配、正面旅游影响感知变量与居民满意度之间呈正相关关系；而负面旅游影响感知则与居民满意度呈负相关关系。(3) 在4个驱动因素中，旅游获益及利益分配对居民满意度的直接影响和总效应最大，这与有些学者的观点不一样。据此提出对提高旅游地居民满意度的建议。

【关键词】 旅游地居民；满意度；理论模型；应用

一、引言

旅游业的快速发展在促进经济以及整个社会发展的同时，也给当地社区居民的生活带来了一定的影响。社区是旅游开发与发展最根本的受益群体，社区居民作为区域旅游规划与开发的六大利益主体之一（马勇，李玺，2002），其满意度对旅游地成功进行开发、经营乃至实现可持续发展意义重大。从1997年世界旅游组织颁布的《关于旅游业的21世纪议程》，到2006年国家旅游局颁布的《中国最佳旅游城市创建指南》，均十分关注旅游开发的居民满意度。

在社区居民满意度研究方面，国外主要从结构[1-2]和方法[3-4]两个方面对社区居民满意度进行研究。而国内对社区居民满意度研究的理论成果较少，李宁

[基金项目] 本文系国家社会科学基金项目《武陵山片区文化产业与旅游产业融合发展研究》(12BMZ057)；湖南省自然与文化遗产研究基地资助项目(12jdzb061)研究成果之一。

[作者简介] 周运瑜(1972—)，男，副教授，江西赣州人，吉首大学旅游与管理工程学院，云南大学在读博士，研究方向：旅游经济；尹华光(1964—)，男，教授，湖南洞口人，硕士生导师，吉首大学旅游与管理工程学院院长，研究方向：旅游文化。

宁,张春光[5]和陈志霞[6]等,对社会满意度的概念和结构进行过专门探讨,其中涉及到社区居民满意度,但没有深入研究和明确界定;耿金花,高齐圣[7]等基于国外的成熟理论对社区居民满意度模型及评价指标体系进行了研究,不过其有关评价指标体系并非来自居民的诉求,其是否科学、公正、客观,有待验证和商榷。

在旅游开发居民满意度研究方面,早在20世纪60年代就引起了学者的关注,如在旅游开发的居民满意度驱动机制方面,很多学者根据社会交换理论提出居民旅游影响感知是影响居民满意度的重要因素[8]。在研究方法上,国内外满意度研究使用的方法主要有方差分析、相关分析、因子分析、回归分析、logit分析、路径分析、结构方程模型(Structural Equation Model,SEM)等。其中,结构方程模型由于其自身优势已成为探讨满意度的主流方法[9-11]。而国内采用结构方程模型对游客满意度进行研究已有一些成果,但对旅游开发地居民满意度进行研究的成果较少[12-17],因而本文对旅游地居民满意度理论模型构建及其应用研究具有一定理论与实际应用价值。

二、模型构建与研究设计

(一) 模型构建

1. 假设模型

在借鉴社区居民满意度相关研究成果的基础上,本文构建了旅游地居民满意度理论模型。该模型一共由五个潜变量组成结构方程模型。其中居民社区归属感、居民获益及利益分配、正面旅游影响感知、负面旅游影响感知是居民满意度的四个前提驱动变量。各变量之间存在7种路径假设,每种路径假设均代表了变量间的正、负因果关系及其指向(图1中对正、负关系分别用"+"、"-"符号标注)。模型中变量选取及变量间假设关系的理论依据将在下文进行阐述。

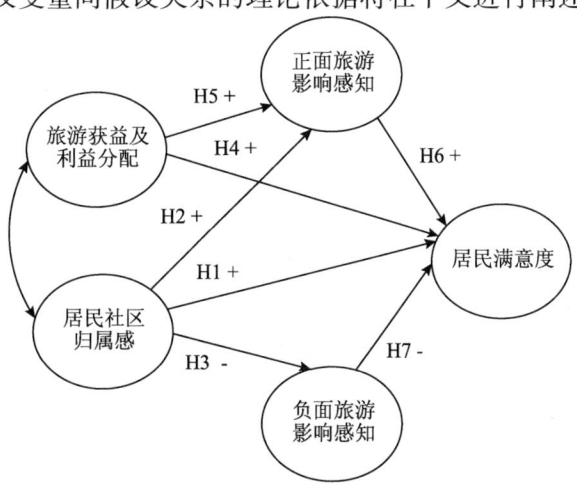

图1 旅游地居民满意度理论模型

2. 理论依据与研究假设

(1) 居民社区归属感

所谓社区归属感是指社区居民把自己归入某一地域人群集合体的心理状态，这种心理既有对自己社区身份的确认，也带有个体的感情色彩，主要包括对社区的投入、喜爱和依恋等情感[18]。潘允康、关颖(1996)研究认为居民社区归属感是居民满意度的重要驱动因素之一，与居民满意度之间有着正向相关关系[19]。高迪(Goudy,1990)指出居民社区归属感越强，越有可能感知到旅游开发带来的正面影响，低估旅游开发导致的负面效应[20]。据此，本研究提出以下三个假设：

H1：居民社区归属感和居民满意度之间存在正相关关系。

H2：居民社区归属感和正面旅游影响感知之间存在正相关关系。

H3：居民社区归属感和负面旅游影响感知之间存在负相关关系。

(2) 旅游获益及利益分配

与旅游活动密切程度不同的居民对旅游影响的感知存在差异，安德雷克、瓦伦丁、克诺夫等(Andereck, Valentine, Knopf et al.,2005)的研究表明，从旅游中获利越多的居民对旅游越支持，特别是那些在旅游业就职的居民对旅游正面感知更强。社会交换理论也表明，居民对于旅游开发的态度取决于其旅游获益，当收益大于成本时，旅游正面影响感知就会越强烈，旅游开发的满意度也就越高[8]。大多数国内学者(陆林,1996；章锦河,2003；堪永生、王乃昂、范娟娟等,2005；宣国富，陆林、章锦河等,2002)更是将是否在旅游业中工作作为影响居民旅游感知的主要因素之一。本研究认为获得个人旅游收益高的居民，对旅游带给目的地社区的正面影响感知更强。而获得旅游收益的居民，可能对旅游带来的负面影响(如贫富差距拉大、纯朴民风破坏)更不容易察觉，因此对旅游负面影响的感知相对较低。旅游获益、旅游影响感知与居民满意度之间的关系已被艾伦(Allen,1988,1993)等[21,22]以及柯(Ko,2002)等[23]的研究证实。另外，根据公平理论[24]，利益分配也是影响居民满意度的另一个重要因素，这里的利益分配主要是指居民与政府、投资商以及居民内部关于旅游利益的分配。在发展中国家，居民在旅游参与中处于不利的被动状态，利益分配显得尤其重要[25]。据此，本研究提出以下两个假设：

H4：旅游获益及利益分配和居民满意度之间存在正相关关系。

H5：旅游获益及利益分配和正面旅游影响感知之间存在正相关关系。

(3) 旅游影响感知

一直以来，居民旅游影响感知就是旅游学研究的主题。本研究所指的居民旅游影响感知是一种居民感知旅游关系的社会知觉(李有根、赵西萍和邹慧萍,1997)。这里的旅游影响感知包括对经济、社会文化和自然环境正反两方面共六个维度的感知。Ko等对正面旅游影响感知、负面旅游影响感知、居民满意度之间的关系进行了探讨，结果表明，正面旅游影响感知、负面旅游影响感知分别与居民

满意度之间存在正相关和负相关关系[23]。据此,本研究提出以下两个假设:

H6:居民正面旅游影响感知和居民满意度之间存在正相关关系。

H7:居民负面旅游影响感知和居民满意度之间存在负相关关系。

(二)研究设计

通过查阅资料并借鉴国内外的研究成果,确定假设模型的5个变量(居民社区归属感、旅游获益及利益分配、正面旅游影响感知、负面旅游影响感知、居民满意度)进行问卷设计。假设模型中的5个变量皆为潜变量,无法对其进行直接测量,因此设计了观测变量对其进行测度,观测变量5组,共22个。下面将对观测变量的选取提供理论依据。

1. 居民社区归属感

借鉴高迪(Goudy,1990)[20]、戈西(Gursoy,2004)等[26]、麦库尔(McCool,1994)等[27]的研究成果,从以社区为家、对社区的关注程度、搬离此地的感受3个方面来对居民社区归属感进行量度。

2. 旅游获益及利益分配

旅游获益主要包括两个方面:一个是居民所在社区从旅游业发展中获得的利益,另一个是居民家庭和个人从旅游业发展中获得的利益。本研究中的旅游获益是指居民家庭和个人从旅游业中获得的利益。这种利益包括旅游业发展所带来的就业机会[23]、收入分配[13]以及话语权[17]。据此,本研究从收入分配和权利分配两个方面对旅游获益及利益分配进行度量。

3. 正面旅游影响感知

借鉴兰克福德和霍华德(Lankford S. V. & Howard DR,1994)[28]、阿皮和克朗普顿(Ap J,Crompton JL,1998)[29]构建的旅游影响感知评价指标体系,考虑到旅游地居民满意度测评的实际需要,本研究选取就业机会增加、收入增加、生活水平提高、利于文化交流、利于历史遗迹的保护以及居民环保意识增强等作为旅游地居民的正面旅游影响感知因子。

4. 负面旅游影响感知

同样,对兰克福德和霍华德(Lankford S. V. & Howard DR,1994)[28]、阿皮和克朗普顿(Ap J,Crompton JL,1998)[29]构建的评价指标体系进行提炼,本研究选取旅游业发展所带来的一般性负面影响,如交通拥挤、生活成本增加、犯罪率提高、污染物的增加和自然环境的破坏5个方面作为旅游地居民的负面旅游影响感知因子。

5. 居民满意度

本研究从3个方面对旅游地居民满意度进行度量。首先,看居民的总体满意度,这通过调查中表示满意的居民数与所调查的居民总数之比体现出来;其次,借鉴"期望—差异"模型[30],从认知方面对居民满意度进行观测,即与期望的旅游开发相比较后居民的满意度;最后,根据公平理论[24],从认知方面对居民满意度进行观测,即同其他旅游地相比较后居民的满意度。

(三)研究区域及数据采集

1. 研究区域

本研究以典型旅游目的地张家界市居民作为研究对象,对构建的假设模型进行检验。研究区域涉及市内、黄龙洞、武陵源和森林公园。设计的问卷内容共包括两个方面:第一部分是居民的人口统计特征以及社会属性等,包括性别、年龄、文化程度、家庭月收入、是否本地人、居民在本地的居住时间、是否在景区从事买卖等。第二部分是问卷主体部分,将旅游开发居民满意度测量模型中的22个观测变量转化为具体的语句项目,采用李克特五级量表对调查问题进行评价。

2. 数据采集

采用分层随机抽样的方法,向张家界市市内、黄龙洞、武陵源、森林公园中的居民随机发放一定数量的问卷。共发放问卷200份,其中市内发放50份、黄龙洞40份、武陵源60份、森林公园50份,所有回收的问卷皆合格。

二、数据分析与模型检验

(一)描述性统计分析

1. 调查对象的描述性统计分析

本研究采用SPSS17.0、AMOS7.0对问卷调查所得数据进行描述性统计分析、信度分析、探索性因子分析和方差分析。对有效问卷进行样本描述性统计,结果见表1。

表1 旅游地居民满意度问卷调查样本描述性统计结果

人口及社会学统计特征		人数	百分比	人口以及社会学统计特征		人数	百分比
性别	男	93	46.5%	是否本地出生	是	169	84.5%
	女	107	53.5%		否	31	15.5%
年龄	20岁以下	10	5%	在本地居住时间	1年以下	12	6%
	20~30岁	93	46.5%		1~5年	26	13%
	30~40岁	38	19%		5~10年	23	11.5%
	40~50岁	40	20%		10年以上	139	69.5%
	50岁以上	19	9.5%	是否是旅游从业人员	是	60	30%
居住地	市内	50	25%		否	140	70%
	黄龙洞	40	20%	家庭中是否有旅游从业人员	有	73	36.5%
	武陵源	60	30%				
	森林公园	50	25%		没有	127	63.5%

从表1可以看出,居民性别中,男性和女性分别为93、107人,各占46.5%和53.5%,女性比例略高于男性。年龄中,20岁以下、20~30岁、30~40岁、40~50岁、50岁以上年龄段的分别为10、93、38、40、19人,各占5%、46.5%、19%、20%、9.5%,以青年人为主,中年人次之。出生地方面,有169人为本地出生,31人为非本地出生,各占84.5%、15.5%,本地出生的居民占大多数。在本地的居住时间,1年以下、1~5年、5~10年、10年以上的分别有12、26、23、139人,各占6%、13%、11.5%、69.5%,居住10年以上的居民占大多数,这与大多数居民出生在本地相符。是否是旅游从业人员方面,有60人是旅游从业人员,有140人为非旅游从业人员,各占30%、70%,比例相差较大。家庭中是否有旅游从业人员方面,答有的为73人,答无的为127人,各占36.5%、63.5%,比例也有较大差距。家庭月收入方面,1000元以下、1001~2000元、2001~3000元、3000元以上的分别为30、92、48、30人,各占15%、46%、24%、15%,月收入3000元(含)以下比例高达85%,说明张家界市社区居民的收入还较低。

2. 测量条款的描述性统计分析

本文采用结构方程建模要求数据服从正态分布。统计学家Kline(1998)认为,当偏度绝对值小于3,峰度绝对值小于10时,表明样本基本上服从正态分布。本次问卷对各变量测量条款的均值、标准差、偏度和峰度进行描述性统计分析,结果如表2所示。从表2可以看出,各变量测量条款的偏度绝对值均小于最高上限2,峰度绝对值不仅小于最高上限10,而且小于4,远在范围之内。因此可以认为样本调查数据基本上是服从正态分布,可以作进一步的分析。

表2 各变量测量条款调查数据的描述性统计

测量条款	样本	最小值	最大值	均值	标准差	偏度		峰度	
	统计	统计	统计	统计	统计	统计	标准差	统计	标准差
VA1	200	1	5	3.67	0.814	-1.200	0.172	2.442	0.342
VA2	200	1	5	3.24	0.702	0.255	0.172	1.050	0.342
VA3	200	1	5	3.62	0.883	-0.857	0.172	0.746	0.342
VB1	200	1	2	1.70	0.459	-0.879	0.172	-1.239	0.342
VB2	200	1	2	1.63	0.483	-0.565	0.172	-1.698	0.342
VB3	200	1	5	2.94	0.837	-0.354	0.172	0.202	0.342
VB4	200	1	5	3.04	1.031	-0.136	0.172	-0.415	0.342
VC1	200	1	5	3.75	0.788	-1.332	0.172	3.041	0.342
VC2	200	1	5	3.71	0.884	-1.102	0.172	1.605	0.342

续表

测量条款	样本	最小值	最大值	均值	标准差	偏度		峰度	
	统计	统计	统计	统计	统计	统计	标准差	统计	标准差
VC3	200	1	5	3.80	0.772	-1.085	0.172	2.439	0.342
VC4	200	1	5	3.78	0.745	-0.874	0.172	2.026	0.342
VC5	200	1	5	3.83	0.740	-0.536	0.172	0.776	0.342
VC6	200	1	5	3.84	0.769	-0.647	0.172	1.131	0.342
VC7	200	1	5	4.01	0.770	-1.351	0.172	3.714	0.342
VD1	200	1	5	3.69	0.866	-0.749	0.172	0.545	0.342
VD2	200	1	5	3.47	0.987	-0.771	0.172	0.197	0.342
VD3	200	1	5	2.78	0.983	0.294	0.172	-0.173	0.342
VD4	200	1	5	3.17	1.093	-0.076	0.172	-0.557	0.342
VD5	200	1	5	2.94	1.069	0.145	0.172	-0.554	0.342
VE1	200	1	5	3.63	0.718	-1.123	0.172	2.420	0.342
VE2	200	1	5	3.47	0.722	-0.824	0.172	0.981	0.342
VE3	200	1	5	3.48	0.789	-0.708	0.172	0.476	0.342

(二)相关性分析

对所收集到的问卷数据进行相关分析,以了解潜在变量与居民满意度之间的关联度,并对结果进行了排序(见表3)。表3中各因变量对应的相关系数代表着社区居民在该因素方面的主观评价对旅游发展满意度的影响程度。

表3　各因变量与旅游地居民满意度的相关关系

	相关系数	P值
旅游获益及利益分配	0.423**	0.000
居民社区归属感	0.336**	0.000
正面旅游影响感知	0.298**	0.000
负面旅游影响感知	-0.098	0.169

注:**表示P值在小于0.01上显著

由表 3 可以看出,居民社区归属感、旅游获益及利益分配、正面旅游影响感知与居民满意度呈现正相关关系,负面旅游影响感知与居民满意度呈现负相关关系,与假设相符。

(三)测量模型检验

1. 信度检验

样本的信度用于考察问卷测量的可靠性。内部一致性(Inter Consistency)是常用的信度测量指标之一。内部一致性分析只针对每个变量的内部测量条款的关系进行分析,对于变量之间的关系不予考虑。本研究采用个别测量变量的信度系数和潜在变量的组合信度来分析模型的信度。个别测量变量的信度系数是表示个别观测变量(测量指标)被其潜在变量解释的变异量的数值。模型中个别测量指标的信度值若高于 0.50,表示模型的内在质量检验良好;潜在变量的组合信度为模型内在质量的判别准则之一,若是潜在变量的组合信度值在 0.60 以上,表示模型的内在质量理想。经过检验,个别测量变量的信度系数与潜在变量的组合信度系数如表 4 所示。

2. 效度检验

利用探索性因子分析检验变量的效度。效度分析有多种方法,其测量结果反映效度的不同方面,根据 Kerlinger(1986)的观点,因子分析法是衡量变量构建效度的方法之一。同一构面中,因子载荷值越大(通常为 0.5 以上),表示收敛效度越高;每一个项目只能在其所属的构面中出现一个大于 0.5 的因子载荷值,符合这个条件的项目越多,则量表的区别效度越高。从表 4 中可以看出,除了"生活成本增加"这一个项目的因子载荷略小于 0.5 以外,其他项目的因子载荷均大于 0.5,表明假设模型的区别效度比较高。同时,对测量模型的收敛效度进行进一步检验。对假设模型的收敛效度进行检验是从潜变量的平均方差抽取量来进行判断。平均方差抽取量可以直接显示被潜在构念所解释的变异量有多少是来自测量误差,平均方差抽取量愈大,指标变量被潜在变量构念解释的变异量百分比愈大,相对的测量误差愈小,一般的判别标准是平均方差抽取量要大于 0.5。表 4 中 5 个潜变量的平均方差抽取量均大于 0.5 的最低标准,因此测量模型的收敛效度较为理想。各变量的检验结果见表 4。

表 4 假设模型检验结果

变量	因子载荷	信度系数	组合信度	平均方差抽取量
居民社区归属感			0.821	0.605
以社区为家	.788	0.621		
对社区的关注程度	.760	0.578		
搬离现居地的感受	.785	0.616		

续表

变量	因子载荷	信度系数	组合信度	平均方差抽取量
旅游获益及利益分配			0.889	0.668
个人职业与旅游业的关系	.827	0.684		
家庭成员职业与旅游业的关系	.822	0.676		
旅游收入分配	.808	0.653		
决策权分配	.811	0.658		
正面旅游影响感知			0.899	0.560
增加居民家庭收入	.762	0.581		
增加居民就业机会	.776	0.602		
提高居民生活水平	.814	0.663		
促进文化交流	.803	0.645		
保护历史遗迹	.651	0.424		
增强环保意识	.652	0.425		
加快城市建设	.764	0.584		
负面旅游影响感知			0.875	0.592
生活成本增加	.471	0.222		
造成交通拥挤	.721	0.520		
犯罪率提高	.811	0.656		
增加污染	.892	0.800		
破坏自然环境	.875	0.766		
居民满意度			0.875	0.700
总体满意度	.796	0.634		
与期望中旅游发展比较后的满意度	.865	0.748		
与其他旅游点发展比较后的满意度	.847	0.717		

（四）结构模型检验

1. 模型拟合度检验

以结构方程式分析各潜在变量之间的关系。将各潜在变量和观测指标导入理论模型，形成初始模型 A，运行 AMOS7.0 求解模型的拟合指数、路径系数和 T 检验值，采用极大似然法对模型进行估计，从绝对适配度、增值适配度和简约适配度三个方面衡量适配效果。在评价模型拟合度之前，有必要进行"违反估计"，以检验估计系数是否超出可接受的范围。结果显示，模型 A 没有很大的标准误差，也没有出现负的误差方差，标准化系数值的绝对值在 0.17 至 0.90 之间，未出现接近或超过 1 的现象，因此可以进一步做模型拟合度的评价与检验。检验结果见表 5。

在模型 A 中,NCI = 0.96,RMSEA = 0.00,GFI = 0.95,AGFI = 0.91,NFI = 0.94,TLI(NNFI) = 1.01,CFI = 1.00。从各指标值中可以看出,NCI 的值没有在标准范围之内,为了寻求更优模型,有必要根据检验结果和 MI 指数对理论模型 A 进行修改和验证。

表5 模型 A/B 拟合指数摘要

指标	NCI	RMSEA	GFI	AGFI	NFI	TLI(NNFI)	CFI
标准值	1.00~3.00	≤0.08	>0.90	>0.90	>0.90	>0.90	>0.90
模型 A	0.96	0.00	0.95	0.91	0.94	1.01	1.00
模型 B	1.07	0.02	0.94	0.90	0.93	0.99	1.00

2. 模型修正

在模型 A 中,各测量误差均没有相关,MI 修正指标显示,"e20←→e6"的 MI 值较大,表示观察变量 VE3 与 VC1 所测量的指标具有某种相关特质,若将其设定为共变关系,既不会违背理论基础,又可以减少卡方值,因此,本文考虑在修正模型(模型 B)中加以释放。模型 B 各项指标均达到可接受水平,模型整体配适情况良好(见表 5)。整体模型路径如图 2 所示,潜在变量之间的影响效果如表 6 所示。

3. 假设检验结果

路径系数分析可以揭示居民满意度的 4 个驱动因素之间的因果关系及其对居民满意度的影响程度。利用 AMOS7.0 对假设模型进行路径分析,整体模型路径如图 2 所示,居民社区归属感与旅游获益及利益分配具有共变关系。假设的 7 个路径系数皆在 0.01 水平上是显著的(** 表示在 0.01 水平上显著):(1)H1 到 H3 反映了居民社区归属感对居民满意度、正面旅游影响感知、负面旅游影响感知的影响程度,其路径系数分别是 0.20**(t = 5.2)、0.16**(t = 4.8)、- 0.15**(t = 2.6),因此以上假设成立;(2)H4、H5 反映了旅游获益及利益分配对居民满意度和正面旅游影响感知的影响程度,其路径系数分别为 0.27**(t = 5.5)和 0.25**(t = 5.2),且 H4 表明旅游获益及利益分配是居民满意度的一个重要前提驱动变量;(3)H6 反映了正面旅游影响感知对居民满意度的影响程度,其路径系数是 0.12**(t = 4.2),H6 成立;(4)H7 反映了负面旅游影响感知对居民满意度的影响程度,其路径系数是 - 0.15**(t = 3.1),H7 成立。

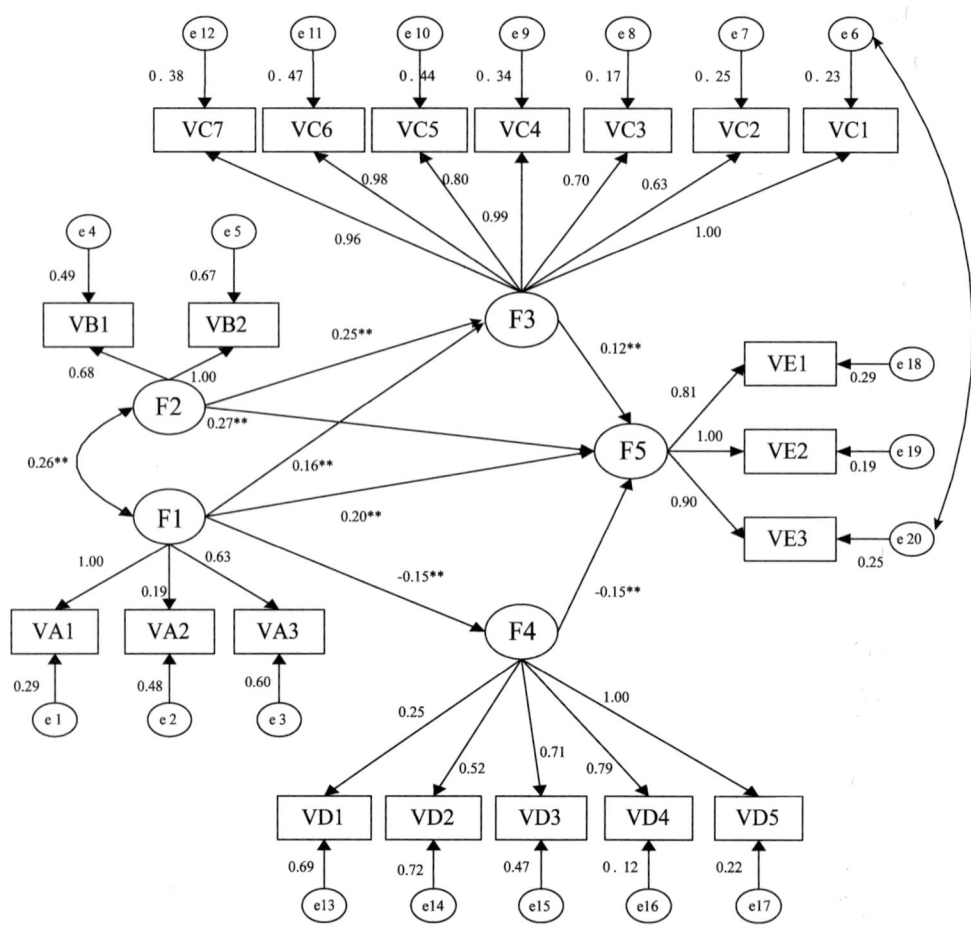

图2 修正模型B

三、研究结论与建议

(一)研究结论

通过以上对旅游地居民满意度的关键驱动因素的分析,本文得出了以下几点结论:

第一,居民社区归属感、旅游获益及利益分配、正面旅游影响感知、负面旅游影响感知是影响居民满意度的4个重要驱动变量,其中旅游获益及利益分配对居民满意度的直接影响和总效应最大(见表6),该结论与汪侠[17]的观点不一样。同时这也说明居民个人旅游收益对社区满意度有直接的推动作用,这一结论与Ko等[23]和保继刚等[25]的研究一致:旅游获益及利益分配是影响居民满意度的一个关键因素。第二,居民社区归属感、旅游获益及利益分配、正面旅游影响感知与居民满意度之间存在正相关关系,而负面旅游影响感知则与居民满意度呈负相关关系。第三,从结构方程模型的路径系数分析(见图2)可知,旅游获益及利益分配对正面旅游影响感知有较大的影响作用。个人旅游收益及利益分配与居民旅游正面经济、正面社会文化和正面自然环境影响的感知存在显著正相关,说明从旅游业发展中获得较高个人收益的居民比起获益较少的居民能更强烈地认识到旅游活动的作用。

表6　变量直接效应、间接效应和总效应

路径	直接效应	间接效应	总效应
居民社区归属感→居民满意度	0.20	0.57	0.77
旅游获益及利益分配→居民满意度	0.27	0.71	0.98
正面旅游影响感知→居民满意度	0.12	0.44	0.56
负面旅游影响感知→居民满意度	-0.15	-0.26	-0.41

(二)提高旅游地居民满意度的政策建议

根据上述研究结论,为提高旅游地居民满意度必须从旅游获益及利益分配、居民社区归属感、正面旅游影响感知以及负面旅游影响感知四个方面着手,出台一些相关制度,给予政策保障。

1. 制定相关政策以确保旅游地居民从旅游业中获益

为保障旅游地居民从旅游业中获益,旅游地政府在规划与开发某个景区时应把居民利益放在一个重要位置,尤其是景区中的原居民利益应该优先考虑。可制定相关制度或招投标要求,规定在景区规划时,一定要听取旅游地居民代表的意见,重视其话语权;在景区开发时,采取自愿原则确保当地居民参与开发建设,解决部分就业问题;在景区运营时,原居民可以土地入股分红,参与员工招募,以土地换取商铺、摊位进行商业经营,以保障居民旅游获益与解决就业问题;在安置景区原住民时,应出台有针对性的政策,不仅要关心原住民的住房问题,更应该关注其持续发展问题;尤其是在规划旅游扶贫项目时更要硬性规定景区中的原居民的获益比例不少于百分之六七十,这样有利于社区和社会的和谐。

2. 制定相应奖惩措施以提高旅游地居民社区归属感

旅游地政府可考虑出台相应常规性奖惩措施,对于在旅游业发展过程中作出较大贡献的居民给以精神、物质奖励。作为大范围概念的"居民",不仅包括旅游地居民,也包括在旅游地长久生活的其他公民、企业、公司(法定代表人为代表),只要为旅游地旅游业的发展作出较大贡献的人都可纳入奖励范畴。如表扬在旅游地宣传方面做出突出贡献的新闻人,为旅游地旅游事业发展做出卓越成绩的旅游投资公司等,也可开展评选宣传游客满意的窗口单位、游客满意的酒店、游客满意的导游、游客满意的景区、游客满意的旅行社、游客满意的车队等活动。而对于那些为旅游地发展抹黑的居民、单位也要有相应的惩罚措施,对于违法的按照情节轻重依法处理。这些常规性奖惩措施的出台应有助于提高居民社区归属感。

3. 出台相应政策以提高旅游地居民正面旅游影响感知

就业机会增加、收入增加、生活水平提高、历史遗迹的保护以及居民环保意识增强等因素有助于旅游地居民形成正面旅游影响感知。事实上,国家、地方政府已出台了不少相应的政策,据石培华、唐晓云(2010)对2007—2009年国务院及各省旅游相关文件的统计分析发现,旅游业在1号文件中地位不断提升,旅游业已成为加快改善农村民生、促进农民就业创业的重要途径;旅游业在促进区域就业中也发挥重要作用[31]。在历史遗迹保护方面,国家和地方政府都制定了相应的保护法律或地方法规。但在居民环保意识方面还有待进一步提高,要加强宣传、激励,政府和景区管理方可出台相应政策和措施。

4. 制定相应措施或政策以消除旅游地居民负面旅游影响感知

交通拥挤、生活成本增加、犯罪率提高、污染物的增加和自然环境的破坏等因素是旅游地居民产生负面旅游影响感知的主要因素。为此旅游地政府要重视景区规划,在考虑景区外围的交通状况的前提下多设几个景区出入口和售票处,制定相应措施对游客进行分流与引导;做好宏观调控,制定有效措施确保物价稳定;依法对违法犯罪分子实施打击,可创新制度加强管理;科学规划垃圾场点的建设,根据垃圾种类进行分类处理、科学处理;利用自然保护相关政策、公民旅游文明公约,进行宣传教育,对于破坏自然环境的行为依法进行教育与惩戒,尽量还旅游地居民一个生态文明、和谐美好的生活环境。

【参考文献】

[1] Gene L Theodori. Examining the Effects of Community Satisfaction and Attachment on Individual Well-being. Rural Sociology,2001,66(4):618.

[2] Bardo John W, Dokmeci Vedia. Modernization traditionalism, and the changing Structure of community satisfaction in two sub-communities in Istanbul, Turkey: A Procrustean analysis. Genetic Social&General Psychology Monographs, 1992,(3):273.

[3] Charnes A, Cooper W, E Rhodes. Measuring the Efficiency of Decision Making Units. European Journal of Operations Research,1978,(2):429-449.

[4] 马立平. 层次分析法[M]. 北京:北京统计,2007:38-45.

[5] 李宁宁,张春光. 社会满意度及其结构要素[J]. 江苏社会科学,2001(4):143-148.

[6] 陈志霞. 社会满意度的概念、层次与结构[J]. 华中科技大学学报(社会科

学版),2004(2):87-89.

[7] 耿金花,高齐圣.基于联立方程的社区满意度模型[J].系统工程,2007,25(3):111-113.

[8] Homans G. Social behaviors: Its elementary forms. New York: Harcourt Brace Jovanovich, 1961.

[9] Fornell C, Johnson M D, Anderdon E W, et al. The American customer satisfaction index: Nature, purpose and findings. Journal of Marketing, 1996, 60(1): 7-18.

[10] Gregg G, Douglas M, Stephen I, et al. Drivers and consequences of citizen satisfaction: An application of the American customer satisfaction index model to New York City. Public Administration Review, 2004, 64(3): 331-341.

[11] Bigne J E, Andreu L, Gnoth J. The theme park experience: An analysis of pleasure, Arousal and Satisfaction. Tourism Management, 2005, 26(6): 833-844.

[12] 杨兴柱,陆林,王群.农户参与旅游决策行为结构模型及应用[J].地理学报,2005,60(6):928-940.

[13] 汪侠.旅游地满意度研究[D].南京:博士学位论文,南京大学,2007.

[14] 杨凯凯.乡村旅游对目的地居民社区满意度的影响研究[D].浙江大学硕士学位论文,2008.

[15] 卢松,张捷.古村落旅游社区居民生活满意度及社区建设研究——以世界文化遗产皖南古村落为例[J].旅游科学,2009,23(3):41-47.

[16] 许振晓,张捷,Geoffrey W,等.居民地方感对区域旅游发展支持度影响[J].地理学报,2009,64(6):736-744.

[17] 汪侠,甄峰,吴小根,张洪,刘泽华.旅游开发的居民满意度驱动因素——以广西阳朔县为例[J].地理研究,2010,29(5):841-851

[18] 吴铎,丘士杰,李业甫,等.中国大百科全书社会学卷[M].中国大百科全书出版社,1991:361.

[19] 潘允康,关颖.社区归属感与社区满意度[J].社会学研究,1996(3):42-51.

[20] Goudy W J. Community attachment in rural region. Rural Sociology, 1990, 55: 178-198.

[21] Allen L, Long P, Perdue R, et al. The impact of tourism development on residents' perception of community Life. Journal of Travel Research, 1988, 27(1): 16-21.

[22] Allen L, Hafer H, Long P, et al. Rural residents' attitudes toward recreation and tourism development. Journal of Travel Research, 1993, 31(4):27-33.

[23] Ko D W, Stewart W P. A structural equation model of resident' attitudes for

tourism development. Tourism Management, 2002, 23(5): 512 – 530.

[24] Huppertz J W, Arenson S J, Evans R H. An application of equity theory to buyer – seller exchange situations. Journal of Marketing Research, 1978, 15(2): 250 – 260.

[25] 保继刚, 孙九霞. 社区参与旅游发展的中西差异[J]. 地理学报, 2006, 61(4):401 – 413.

[26] Gursoy D, Rutherford D G. Host attitudes toward tourism: An improved structural model. Annals of Tourism Research, 2004, 31(3): 495 – 516.

[27] McCool S F, Martin S R. Community attachment and attitudes toward tourism development. Journal of Travel Research, 1994, 32(3): 29 – 34.

[28] Lankford S V, Howard D R. Developing a tourism attitude impact scale. Annals of Tourism Research, 1994, 21(1):121 – 139.

[29] Ap J, Crompton J L. Developing and testing a tourism impact scale. Journal of Travel Research, 1998, 37(2):130 – 138.

[30] Oliver R L. A cognitive model of the antecedents and consequences of satisfaction decision. Journal of Marketing Research, 1980, 17(11): 460 – 469.

[31] 石培华, 唐晓云. 旅游业在国民经济中战略性地位已经确立[N]. 中国旅游报, 2010 – 02 – 26.

A Research on Theoretical Model Construction about Degree of Satisfaction of Tourism Destination Residents and its Application

ZHOU Yun-yu, YIN Hua-guang, ZENG Li-yun

(*Tourism and Management Engineering School of Jishou University, Zhangjiajie 427000, China*)

Abstract: There have been few research on the degree of satisfaction of the people residing in tourism regions. Based on the research paradigm of structural equation model and review of relevant research literature, this paper constructs tourism regions' residents' degree of satisfaction model assumptions. Through the market survey to obtain relevant data from a representative tourism destination, using the SPSS17.0, AMOS7.0 to process and analyze the basic data, the research shows that: (1) Resident community attachment, tourism benefit and profit distribution, positive tourism impact perception, negative tourism impact perception are the four important influencing factors driving the tourism destination resident satisfaction. (2) Resident community attachment, tourism benefit and profit distribution, positive tourism impact perception are positively correlated relationship between the residents' satisfaction; While negative tourism impact perception is negatively related with the residents' satisfaction. (3) Of the four driving factors, tourism benefit and profit distribution are the most direct impact of residents' satisfaction and the largest total benefits. This conclusion is different from other scholar's view. And it put forward some research suggestions forever.

Key words: tourism destination residents; degree of satisfaction; theoretical model; application

国 际 旅 游

印度旅游业发展经验对我国建设"美丽中国"的启示

杨丽琼　向飞丹晴

(中国旅游研究院,北京　100005)

【摘要】 印度作为重要的发展中国家和金砖国家成员,旅游业起步较晚,但发展速度较快。近年来,印度的国际游客接待增长率更是远超中国。本文从政府政策、宣传促销、市场精细化服务、跨业融合发展等方面分析印度旅游业发展的成功经验,为促进我国旅游业快速发展,特别是为当前趋势性下滑的入境旅游市场提供一定的借鉴和参考。

【关键词】 旅游业;发展经验;印度;借鉴

一、引言

与中国同为四大文明古国之一的印度,悠久而厚重的历史文化、丰富多样的自然遗产,使其成为神秘而令人向往的国度。2010年借全球旅游业复苏之势,印度旅游取得了"不可思议"的飞跃,目前印度的旅游业规模已仅次于其软件业。亚太旅游协会(PATA)数据显示,2010年,南亚地区累计接待入境游客840万人次,其中,印度的入境接待总量达到创纪录的560万人次(同比增长9%),约占南亚入境市场份额的70%,成为亚太地区增速最快的国家。从2006—2010年亚太地区旅游目的地国际游客接待量复合年均增长率看,中国为1.7%,印度为5.9%,印度的国际游客接待增长率远超中国。[1]在当前我国旅游业产业地位日益提升、旅游大众化产业化趋势越发明显的发展背景下,参考和借鉴印度旅游业发展经验,有助于为促进我国旅游业健康快速发展提供重要支撑。

二、印度发展旅游业的成功经验

(一)顶层设计引领,旅游成为国家重要支柱产业

旅游业作为印度实现"包容性增长"的第二大出口创汇行业,备受政府和各界

[作者简介] 杨丽琼(1972—),女,云南武定人,中国旅游研究院副教授,博士,研究方向为国际旅游。E-mail:lqyang@cnta.gov.cn。向飞丹晴(1984—),女,经济学博士,主要研究方向为旅游公共服务、旅游财税政策。E-mail:fdqxiang@cnta.gov.cn。

重视,成为国民经济的重点发展领域。印度政府和旅游界在努力开拓国内旅游市场和入境旅游市场的同时,注重基础设施建设、技术投入和技术创新,借以推动旅游业的可持续性发展。

印度将旅游业作为重要外汇来源始于20世纪90年代,1991年印度政府制定了"旅游产业外资准入"政策,并首次举办"印度旅游年",在旅游产业定位上将其作为国家开放经济战略的重要产业来发展。"九五"(1997—2002年)规划后,旅游业作为印度政府增加外汇、增加就业、消除贫困、改善环境、可持续发展战略的一项主要内容,开始得到全面实施。[2]印度国家行业经济研究委员会报告表明,2006年来印度旅游的外国游客数量超过443万人,旅游外汇收入65.7亿美元,印度旅游业对国内生产总值的直接和间接贡献达到将近6%,直接和间接的从业人数超过4200万,占全国总就业人口的9%以上。目前,旅游创汇已成为印度主要的外汇收入来源之一,同信息技术产业出口创汇一样,为国家的现代化建设提供了良好的资金保障。

印度官方和业界对旅游发展规划信心十足,未来数年印度旅游业将进入史无前例的增长期。印度联邦政府计划委员会预测,"十二五"(2012—2017年)期间旅游业将增长12%,国际入境旅游市场份额提高至1%(现为0.6%),年均增长12.38%;入境旅游人数增长至1124万人次,出境旅游人数增长至3596万人次,国内旅游人数增长至14.51亿人次;旅游外汇收入由2010年的6488.9亿卢比(约合140亿美元)增长至13438.3亿卢比(约合290亿美元);旅游业直接、间接就业人数从2010年的5300万,增加至2016年的7750万;旅游投资将达2300亿卢比("十一五"期间为515.6亿卢比),直接投向交通设施、旅游景区等基础设施,预计全国将建设20个公园、35个旅游中枢和70个乡村旅游集散地。[3]

据世界银行统计,2008年印度贫困线(每天人均消费低于1.25美元)以下人口约为5亿,绝对、相对数量仍然比较高。但随着国民经济总量的持续快速增长,印度国民人均可支配收入不断增加,2011年人均收入同比增长17.9%,达到5.4万卢比(约合1200美元)。中产阶级人数急剧增加,这对于一个重视休闲休假、人口众多的发展中国家来说,旅游消费需求和旅游业发展势头必将进一步走强。印度旅游部积极调整市场战略,在重视入境旅游发展的同时,加强国内旅游市场开发。利用城市人口的巨大潜力开发农村旅游,加大农村地区高质量设施建设、服务和行业内协作,提高城市休闲和朝觐游客到乡村地区旅游的比例(包括游客规模、停留时间和人均消费)。从长远看,印度旅游业在保持出入境旅游增幅明显的同时,将积极培育和开发国内旅游市场。

近年来,印度旅游业吸纳外资增幅显著。这得益于印度政府对航空市场管制的放松,海外对印度酒店等旅游业领域的直接投资(FDI)急剧增长。印度商工部产业政策与促进总局(DIPP)统计数据显示,2012财年(2012年4月—2013年3

月)前11个月的FDI总额达32.1亿美元,逼近2000—2011全财年33.7亿美元的水平。印度旅游业发展前景广阔。

(二)旅游形象定位明晰,品牌宣传效益显著

注重海外市场推广,提高印度的知名度和国际竞争力,是印度旅游业快速发展的主要经验。第一,结合本国文化的显著特点,"精准定位"国家形象,形成高度概括国家形象的口号。2002年印度旅游局正式提出"不可思议的印度"("Incredible India")作为官方宣传口号,将所有的旅游产品都统一到"不可思议的印度"("Incredible India")这一大主题之下,积极宣传"不可思议的印度"是一个全年365天皆宜游的目的地。宣传口号集浓厚的文化底蕴和丰富的各种资源于一体。"不可思议的印度"国家整体品牌宣传,使得印度旅游业取得了国际市场的充分认可,尤其是欧美游客,在同年印度旅游市场取得了明显的增长。"不可思议的印度"全球宣传计划得到了很好成效。

多年来,"不可思议的印度"成为了印度向世界展示自己形象的一张"品牌",不断充实和创新,使其影响力和品牌效果得到强化,取得了很好的形象宣传效果。正如广告语所表达的,印度的丰富多彩和神秘莫测远远超出人们的想象。无论是极具诱惑力的野生动物,彰显民族特色的各种美食,还是绚丽丰富的文化遗产,印度以它那不可思议的魅力,吸引了大量来自世界各地的游客。

第二,印度政府每年派出成批的旅游促进团赴海外宣传促销,并协助相关企业参加国际展会。印旅游部组织国内业界在主要客源市场举办大规模的宣传推广活动,如在主要客源国澳大利亚、新西兰、新加坡、马来西亚、韩国、日本、英国、迪拜、马斯喀特、巴林岛、美国、加拿大、芬兰、瑞典和挪威等举办"不可思议的印度"海外大型路演。印度政府提高对国内旅游服务提供商的经济支持,如协助相关企业参加国际展会,在海外进行一些促销和推广活动。为提升印度旅游品牌在华的认知度和竞争优势,印度政府旅游局在"2009印度旅游年"期间,在北京推出"不可思议的印度"形象公交车身广告。公交路线覆盖朝阳、东城、西城、海淀、丰台五个主要区域,以及CBD、燕莎、中关村等商业区,在北京三环路时尚潮流地往返一个月,推广"不可思议的印度"公交户外广告宣传。

第三,宣传推广逐步走向深化。随着印度国家旅游局的推广,"不可思议的印度"这一口号已经深植人心。印度国家旅游局还组织主要客源国的媒体和商务代表团前往孟买和印度其他地区考察,在国外杂志上刊发展示不同城市、不同玩法的印度旅游广告,多角度、多侧面推广更为丰富的印度旅游。鉴于电影在开发、宣传各类旅游目的地方面所发挥的巨大作用,启动数项"电影旅游"推广举措,如借助奥斯卡电影《少年派的奇幻漂流》拍摄地旁杜切里区和穆纳尔开展"少年派家乡"活动宣传"不可思议的印度"。2010年,印度英联邦运动会在内的一系列全球事件也辅助了旅游宣传推广;2011年,印度联邦政府旅游部召开了北部、西部和南部等区域旅游发展大会,举办各类旅游展、行业庆典(如印民航业运营100周年、印度旅行商协会成立60周年庆典)和专题研讨会(如生态旅游、铁路旅游、探险旅游、保健旅游专题研讨会);2012年举办首届国际旅游展、旅游谅解备忘录签署国旅游部长大会等大型活动,进一步扩大了印度作为客源市场和旅游目的地的全球影响力,提升了印度作为全球旅游目的地的形象和地位。

第四,运用互联网,在线推广"不可思议的印度"(http://www. incredibleindia.org/)。互联网已经成为旅游推广的有效媒介。2010年印度"中央财政辅助计划"(CFA)启动国内旅游在线推广活动,旅游部向邦、区政府提供资金支持,帮助各地发展信息技术基础设施并实现计算机化。开发建设使用当地语言的门户网站,提供系列供应商链接。[4]

(三)产业融合发展,医疗旅游方兴未艾

医疗旅游(Medical Tourism)是以医疗护理、疾病与健康、康复与休养为主题的旅游服务。随着旅游者需求日趋个性化及多元化,医疗旅游发展为集医疗、养生、旅游、娱乐为一体的综合性旅游产品,产业链受益者涉及医院、酒店、餐饮、旅游景点、旅行社等行业,凸显辐射性强、联动效应、市场前景广阔等特征。尽管印度医疗旅游业起步较晚,但发展势头迅猛,成为印度增长最快的新兴产业之一。

第一,印度政府重视产业融合,整合资源优势,大力支持医疗旅游业发展。为发展医疗旅游,印度政府出台了系列促进医疗旅游发展的政策和措施。如:"2002国家健康政策"(the National Health Policy 2002)出台,制定具体推行医疗旅游的法规、政策、战略和计划;成立国际医疗旅游委员会和医疗旅游协会等专门机构,全面助推医疗旅游发展。印度旅游部、医院及医疗保健部门以及旅行社、旅游景区、酒店等旅游经营者跨业联合,为游客提供优质的旅游医疗保健服务,取得了良好的社会经济效益。2007年,印度接待医疗旅游者逾45万人次,市场增幅达30%。医疗旅游逐渐成为了一种时尚,预计2015年印度医疗旅游人数或超百万,医疗旅游收入也将超过20亿美元。蓬勃发展的印度医疗旅游市场,带动了包括医院、医疗器械和制药等相关产业的发展,2011年印度医疗器械市场销售额达到30亿美元,增幅逾30%。

第二,印度医疗旅游产品类别丰富,针对不同的市场需求设计套餐式医疗旅游产品。如:印度最著名的医疗旅游产品营运商Medical Tour in India专门为美国和欧洲游客设计配套特色旅游项目的"10000美元美容套装"、"家人医疗旅游"套餐以及包含印度传统瑜伽等保健服务的医疗旅游产品。套餐式医疗旅游产品使印度在国际医疗旅游市场上形象鲜明,拥有稳定的顾客群。[5]

第三,印度政府同样资助推广印度的医疗观光、健身旅游。通过一年一度的医疗旅游博览会,推广本国的医疗旅游产品。医疗旅游以及与瑜伽、阿育吠陀、水

疗等有关的传统医疗保健旅游也成为印度大力宣传的入境旅游产品。

总之,神秘的印度传统医学、优质的医疗服务、亚洲最低的医疗价格、当地医生会讲英语以及异国情调的旅游吸引力等方面优势,加上印度政府的大力助推,使印度成为了世界瞩目的"全球医疗旅游目的地"。

此外,对来印游客实行落地签证,推出特色旅游套餐、减免税收(如对外国游客订票实行双轨制、免征消费税)等政策,增强了印度作为旅游目的地的竞争能力,进一步推动了印度入境旅游业的蓬勃发展。

(四)在保持传统客源市场的基础上,注重开拓新兴市场

印度入境旅游仍保持着较强的季节性,每年10月至次年2月为入境旅游高峰期。受地缘、文化和历史等因素的影响,印度的客源主体是欧美国家和邻近的周边斯里兰卡、孟加拉等国家。印度移民局统计数据显示,2012年印度入境旅游人数达657万人次,相比2011年增幅明显下降,但仍然是世界平均速度的两倍。前十大游客来源国保持不变,依次是美国、英国、孟加拉国、斯里兰卡、加拿大、德国、法国、日本、澳大利亚和马来西亚。

近年来,随着印度与东盟之间航线座位容量的不断拓展和双边贸易及投资合作的加强,印度近年接待的东盟国家客源扩展明显。1981年到访印度的中国游客仅有1371人次,而2010年到访印度的中国游客超过了11.95万人次,比2009年增长19.3%,位居其客源市场第12位,占其入境市场总额的2.07%。随着中印双边贸易往来和人员交流的不断增多,中国访印游客人次将保持增长趋势,中国正在成为印度主要的旅游客源国。

三、对我国发展旅游的启示

(一)提升旅游产业地位,发挥旅游业在提升国家软实力中的重要作用

美国、法国、西班牙等发达国家把发展旅游产业作为国家战略,中央政府普遍成立集中统一的旅游事务管理部门或多部门参与的旅游政策协调委员会等专门机构,各级财政增加导向性投入,扩大"乘数效应",改善公共服务设施,打造旅游精品,提高国际旅游竞争力。例如,日本实施"观光立国"战略,韩国提出"文化强国"战略。2008年全球金融危机发生后,西班牙政府实施"旅游促进计划",决定2008—2020年年均投入15亿欧元,用于促进旅游产业发展。2009年中国政府将旅游业确定为"国民经济战略性支柱产业和人民群众更加满意的现代服务业",标志旅游产业正式进入国家战略体系。

尽管过去两年全球经济还未完全恢复,但是国际旅游市场呈现了较高需求。2011年国际旅游收入持续增长达历史最高,约为10300亿美元,比2010年增长3.8%。旅游业作为出口以及劳动密集型产业,是平衡赤字及刺激就业的一个重要手段,对于面临财政危机及国内消费疲软的国家尤为重要。2011年国际旅游业占世界服务业出口的30%,占世界货物及服务出口的6%。世界各国政府积极颁布措施,实施公平的税收政策、便利快捷的旅游签证政策等支持旅游业发展。旅游业已经成为各国应对经济危机、促进经济复苏、培育新经济增长点等反周期性调节政策的重要手段。

全球化时代,国家之间的竞争力已经从军事、政治、经济等硬实力的较量,发展到文化形象等软实力的竞争。越来越多的国家认识到,国际旅游是输出国家文化、形象和影响,提升国家和地区知名度的重要渠道。通过举办国家主题文化年、体育赛事、盛大展会等活动,广泛吸引国际游客,增进各层面、各领域的国际交流,扩大本国文化和价值观传播,有利于提升国家"软实力"。因此,越来越多的国家把旅游业上升到国家战略的地位,作为参与国际竞争的重要平台,积极扩大国际影响力。[6]

(二)一以贯之地推广国家层面旅游品牌

综观各国旅游对外推广的经验我们会发现,集中资源与力量对国家整体形象进行宣传,是扩大一国旅游对外影响力的重要手段。例如,印度提出"不可思议的印度"("Incredible India")为国家旅游宣传口号,韩国提出"韩国,炫动之旅"("Korea,Sparkling")为国家旅游宣传口号,泰国提出"神奇的泰国"("Amazing Thailand")为国家旅游宣传口号。国家旅游宣传口号已然突破了旅游资源的范畴,越来越多的国家把旅游作为参与国际事务的平台或媒介,积极扩大国际影响力。

1992年,国家旅游局设立了"中国友好观光年"的旅游主题,拉开了我国有计划并持续地开展宣传推广活动的序幕。其中,2003年推出"中国,魅力永存"("China Forever")入境旅游宣传口号,并沿用到2012年。20多年来,无论是旅游主题还是旅游宣传口号等都在弘扬中国味道,但总体缺乏国家层面的旅游品牌宣传意识。而印度从2002年开始,一直以"不可思议的印度"("Incredible India")作为入境旅游宣传口号广泛传播,坚持将所有的旅游产品都统一到"不可思议的印度"("Incredible India")这一大的主题之下,并不断充实和创新,使其影响力和品牌效果得到强化。2013年"美丽中国"("Beautiful China")被正式确定为国家旅游整体形象,从宣传营销的角度来说,必将带给境外游客全新的概念。

此外,互联网对旅游推广影响重大,成为旅游营销与推广的新突破。印度入境旅游宣传的整体形象"Incredible India"在互联网上的影响要比中国突出许多。不论是在印度旅游部的官方网站,还是在旅游宣传品上,随处可见与"不可思议的印度"("Incredible India")有关的文字与说明。笔者使用搜索引擎查询印度旅游相关信息时,约有千万条符合"Incredible India"的查询结果。从某种意义上讲,借助网络技术,实现新媒体多种方式的在线推广是全球旅游营销的新趋势,也是中国入境旅游营销有待加强的方面。随着中国旅游海外推广网站的建设和运行,"美丽中国"("Beautiful China")必将成为国际旅游市场的响亮品牌。

(三)促进市场服务的精细化,充分挖掘潜在市场

以精细化服务挖掘潜在市场,依托多元型人才提升旅游品质。自从"不可思议的印度"宣传口号提出以来,印度旅游市场的增长是明显的。近年来印度旅游业发展迅速,促使旅游消费者的市场分类也逐步细化,如出现了度假保健型、购物型、生态探险型、蜜月市场等多种形态的旅游市场种类。市场的细分将会促使旅游业人才在深度上更加专业化,而在广度上则使得业内人才形态更加多元化,市场的细分对于人才的综合素质等要求更高。旅游界应坚持练好自己的内功,从而提升旅游品质。

印度旅游界以其精细化的专业服务,赢得了海外游客的高度评价。自2008年印度旅游局在中国开设办事处以来,就一直致力于为中国市场提供全面的服务,其中"中文接待体系"是一个关键词。在印度有很多中文导游,并印制了大量的中文旅游手册,不论是团队还是自由行客人,都能得到中文帮助。在北京也有很多能讲流利中文的印度地接社的"旅游专家",他们与中国的旅行社保持着良好的沟通与合作。中国游客喜欢吃中餐,现在印度的中餐馆很流行,非常容易就能找到不错的中餐厅。

旅游市场的繁荣离不开游客和旅游运营商的支持和信任。在激烈的市场竞争过程中,游客对品质和品牌的要求越来越高。先进的管理和经营理念,使游客出游更加方便。整合旅行社、景区、酒店资源,助推旅游资源的重新分配。宣传推广和营销上彼此相互支持、资源共享。品质服务向专业化、精细化方向发展,加强合作,实现平台资源共享,实现客源互换,共同做大做强广阔的潜在市场。

(四)以产业融合为抓手,延展旅游产业链

随着服务经济时代的到来,"跨产业融合"逐渐成为各个产业新的利润增长点。旅游业关联性强,产业融合成为旅游业转型升级的重要推动力量。会展旅游、医疗旅游、邮轮旅游等新业态的"联姻"渐成气候,成为游客感受时尚旅行方式的代表。旅游新业态重新构建了旅游产业链条,深刻影响着旅游产业的发展。印度医疗旅游作为旅游新业态典范,为我们开发新型旅游产品和拓宽旅游产业链提供了新空间。

四、结论

综上所述,印度发展旅游业的成功经验可归结为四个方面。一是把旅游业上升到国家战略地位,作为参与国际竞争的重要平台;二是积极应对入境旅游增长缓慢的局面,加大新产品开发力度,及时在海外市场推出新线路、新产品;三是创新宣传推广方式,加大海外宣传推广投入力度;四是市场精细化,调动地方和旅游企业积极性,鼓励和扶持国内旅游企业,确保入境游客总量增加,确保入境旅游市场在国际上的份额。

目前,我国旅游市场总体保持平稳较快增长势头,但在旅游经济形势总体向好的情况下,入境旅游下行压力加大。金融危机、欧债危机、人民币升值、物价上涨等经济方面的因素对我国入境旅游影响明显。世界旅游组织(UNWTO)最新数据显示,2012年前两月国际旅游接待增长率达到5.7%,其中东南亚和南亚增长最快,增长率达到10%。而我国2012年前两月入境旅游增长率仅达到1.24%,远远低于世界平均水平。

中国和印度作为重要的发展中国家和金砖国家成员,同处亚太地区,拥有丰富的文化遗产和旅游资源,在发展状况、劳动力资源以及国家综合实力方面都存在诸多相似之处。因此,借鉴印度发展旅游业的成功经验,特别是借鉴印度国家形象海外推广经验,对于提振增长乏力的中国入境旅游市场具有重要的现实指导意义。

【参考文献】

[1]杨丽琼编译.全球旅游业:持续增长 增速放缓[N].中国旅游报,2012-01-09.

[2]中国驻新德里旅游办事处.2011年入境旅游市场情况及2012预测:印度市场前景谨慎乐观[N].中国旅游报,2012-05-04.

[3]中国驻新德里旅游办事处.印度旅游业报告[R].2012.4.

[4]王春峰翻译.2011年度旅游监测报告[J].亚太旅游协会汇编,2011(年初版):2-14.

[5]李正欢,郑向敏.印度医疗旅游的发展评介[J].浙江旅游职业学院学报,2007(12):9-12.

[6]李志刚,寇小萱.中国和印度入境旅游发展比较[J].旅游学刊,2008(10):29-33.

[7]刘文海.世界旅游业发展的几点重要启示[J].http://www.chinavalue.net/Finance/Blog/2012-4-12/894993.aspx.

[8]邓常春.试析印度旅游业的发展[J].南亚研究季刊,2002(2):24-26.

The Reference of Development of Characteristic Tourism in India and its Enlightenment to China

YANG Li-qiong, XIANG Fei-dan-qing
(China Tourism Academy , Beijing   100005)

Abstract: This thesis analyses the successful experiences in developing characteristic tourism in India in terms of the government policy, tourism resources, tourism environment and marketing and proposes goals and directions of development of tourism in China in different aspects in order to make reference for the further fast development of tourism industry in China.

Key words: India; characteristic tourism; tourism in China; reference

澳大利亚对华游客细分战略研究

吴茂英

(浙江大学管理学院旅游系,杭州,310058)

【摘要】旅游市场细分是旅游营销的重点之一,不管是对旅游企业还是对旅游目的地的持续发展都具有不可低估的作用。本文聚焦目的地管理机构层面,具体介绍澳大利亚旅游部门设置,相关部门之间如何协力细分其新兴的最具前景的战略市场——中国市场。在理论梳理和案例介绍的基础上,笔者总结澳大利亚旅游细分战略的成功之处,并结合我国入境旅游疲软的现状,提出若干具有可操作性的启示与建议。

【关键词】旅游市场细分;澳大利亚;中国游客;启示

在信息资讯高度发达的互联网时代,游客面临前所未有的旅游选择,国际旅游市场的竞争变得更加激烈[1]。卓有成效的国际市场营销要摆脱无的放矢、无差异化的粗放营销,则需对客源市场有更为精确的认识和把握,进而才能形成正确的战略与行动。本文以澳大利亚国家旅游局对华市场细分为例进行阐述,以期对我国各级旅游相关机构的国际市场营销,特别是细分与定位,起到参考和借鉴的作用。

本文首先回顾相关旅游市场细分理论。在此基础上,简要阐述中国旅游市场在澳大利亚旅游产业中的战略性地位,进而以澳大利亚的相关研究报告和深度访谈为基础,具体描述澳大利亚的对华旅游市场的细分战略。最后,本文结合国内的国际旅游营销的实际,提出若干对策与建议。

一、旅游市场细分相关理论

市场细分的概念是20世纪50年代中期由美国市场学家温德尔·史密斯(Wendell Smith)在总结企业按照消费者的不同需求组织生产的经验时提出来的一个概念[2]。市场细分是以顾客需求的某些特征或变量为依据,将具有不同需求

[作者简介] 吴茂英(1984—),女,博士,浙江缙云人,毕业于澳大利亚詹姆斯库克大学(James Cook University),现任职于浙江大学管理学院旅游系,主要研究方向为旅游社区关系、游客行为、旅游学研究方法等。E-mail:maoying.wu@gmail.com。

的顾客群体划分为若干个子市场的过程。

旅游市场细分是旅游营销的重点内容之一。在旅游企业发展早期,其对营销对象不加以区分,而是面向整个客源市场。随着旅游业的发展,同行业竞争的加剧,游客需求的提高,旅游企业逐渐认识到:只有选择部分重点市场,有针对性地进行营销与服务,才能既让游客满意,又能获得高额回报。大量的旅游组织实践表明,市场细分带来很多益处,这些益处包括:①能使营销预算的使用更为有效;②能够更清楚地了解所选定的消费者群的需要和欲求;③能够使定位更为有效;④能够更准确地选择传播媒介和营销技术[3]。

旅游市场细分较常见的目标有:识别重点客户,了解重点客户的特征;改进现有产品或服务的设计;寻找新产品或服务的机会等[4]。在这些目标中,以寻找高消费的游客群体最为常见[5]。

在具体的市场细分上,存在着多类指标[6]。这些指标主要包含地理因素、人口统计特征(年龄、性别、收入、教育、游伴等)、消费心理因素、游客动机(旅游目的、旅游动机、生活方式等)[7]和消费行为(观光、购物、运动等)[8]。地理因素是旅游业中应用较广的市场细分特征。相比于其他因素,它易于使用。对于地理区域,人们都有普遍公认的界定。此外,大部分传播媒介都服务于特定的地理区域。在指标选取的优劣评价方面,一些营销专家主张有效预测游客行为的依据是行为本身,包括游客社会心理层面的一些利益和动机[9]。科恩(Cohen)认为对旅游动机的调查更容易将旅游理解为一种社会和心理现象,并有利于实际管理[10]。穆勒(Muller)则建议根据游客的个人价值观进行市场细分,因为一个人的价值观直接影响个体的消费行为、生活方式等,因此具有很强的市场细分指示意义[11]。不少研究表明,相比较于游客人口特征和地域特征两方面的指标,游客动机、消费行为等两方面的指标更能反映游客的心理和行为规律,采用这类指标能更好地预测游客的需求,有利于企业的经营管理。

旅游市场细分往往涉及两个不同但有序的步骤:①(使用特定的市场细分特征)将整体市场划分为若干个具有某些共同特征的消费者群(即细分市场);②(根据市场细分准则)将本组织或本企业最有能力为之服务的那些细分市场列为自己的目标市场[12]。

本文简单回顾了旅游市场细分的相关概念,详细的理论梳理可见莫里森(Morrison)、多尼卡(Dolnicar)、芮田生等人的文章和著作,这里不再赘述。

二、中国游客与澳大利亚旅游业发展

澳大利亚,位于南半球,是世界上唯一一个占据一块完整大陆的国家,占地面积769.2万平方公里。行政区域划分为七大州(领地)和一个中央行政区。因为偏远,远离其他大陆,澳大利亚在生物资源的独特性和地理的完整性方面得天独厚,因而孕育了丰富的旅游资源。沙漠巨石艾尔斯,"海洋中的热带雨林"——大堡礁,"上帝之乡"——卡卡度,海洋明珠——佛雷泽沙岛,狂野奇景尖峰石阵,建筑经典悉尼歌剧院,众多的海滨城市和太平洋中的众多岛屿等大自然的鬼斧神工、动物界的风采、植物的奇观以及人类创造力的产物构造了澳大利亚的全部。澳大利亚是世界知名移民国家,多种族的融合形成了多彩多姿的风土人情,而土著人悠久的文明是人类璀璨的宝藏。

在与中国关系方面,澳大利亚是我国政府最早批准可以接待中国公民自费出境旅游的西方旅游目的地之一。自1997年,澳大利亚接待中国游客数量不断攀升。在全球经济危机和澳币升值过程中,相比于其他客源市场,中国市场显得尤其强劲,表现尤其优异,在1993—2013年游客数量的复合增长率高达19.4%,远远超过其他国家(见表1)。截至2013年6月,中国取代澳大利亚的传统客源国——英国,成为仅次于新西兰的澳大利亚第二大客源国。而在旅游花费上,2012年中国游客的开支为45亿澳币,超过任何其他客源国,当之无愧地成为澳大利亚最重要的客源国之一。

表1 澳大利亚前10大客源国游客数量变化
(1993—2013,每年统计截止到6月30日,游客数量以"千"为计量单位)

前十大客源国	1993	2003	2010	2011	2012	2013	同比增长率	复合年增长率	市场份额%
新西兰	481	793	1123	1183	1192	1192	0.0	4.6	19.0
中国大陆	20	177	394	500	584	685	17.4	19.4	10.9
英国	296	644	653	632	597	604	1.2	3.6	9.6
美国	271	424	489	466	465	492	6.0	3.0	7.8
新加坡	139	262	290	315	320	363	13.5	4.9	5.8
日本	652	659	364	364	344	339	-1.5	-3.2	5.4
马来西亚	70	143	214	244	243	268	10.3	7.0	4.3
韩国	45	196	196	205	199	195	-2.4	7.6	3.1
中国香港	83	141	154	170	169	182	8.0	4.0	2.9
印度	10	41	130	145	152	164	7.8	15.2	2.6

数据来源:澳大利亚商贸委员会(Australia Trade Commission)(2013)[13]

面向未来,澳大利亚相关部门对中国的前途十分看好。2012年,澳大利亚联邦政府发布《亚洲世纪中的澳大利亚》白皮书,特别强调了中国在澳大利亚未来发展中的战略性地位[14]。在旅游方面,中国市场的核心地位在澳地方政府、州政府和联邦政府等各个层面得到充分的强调[15]。在实践中,各级旅游相关部门纷纷制定针对中国游客的发展战略、营销战略,在中国境内建立旅游营销机构,大力结合新兴媒体进行网络营销[16][17]。

三、澳大利亚对华游客细分战略

基于游客市场细分在营销中的重要地位,本部分将从澳大利亚国家层面具体介绍其对中国旅澳游客的细分战略。本部分的信息,主要来源于澳大利亚旅游部门官方报告[18],以及笔者在2013年4~7月份对澳大利亚旅游局局长克里斯·斯坦福德(Chris Stamford)先生、中国项目负责人梅兰妮·科罗斯维(Melanie Crosswell)女士,澳大利亚旅游研究院院长、首席经济师里奥·杰沟(Leo Jago)博士,昆士兰州旅游局副局长保尔·马汀(Paul Martyn)先生、克里斯·纽斯满(Chris Newsman)先生,昆士兰旅游会展营销机构的克里斯·查姆本(Chris Chambers)先生,以及其他多位旅游目的地管理机构的工作人员的访谈。

在阐述澳大利亚对华游客细分战略之前,本文将首先简单介绍澳大利亚旅游管理机构的体制安排。在联邦政府层面,旅游局是资源能源旅游部(Resources, Energy and Tourism Department,详见http://www.ret.gov.au/Pages/default.aspx)的一个部门,主要负责旅游发展宏观政策的制定和引导。旅游局内部设置澳大利亚旅游研究院(Tourism Research Australia,详见http://www.tra.gov.au/),其核心任务是了解国内、国际市场的需求和动态,为澳大利亚旅游相关机构提供智力支持。值得注意的是,负责澳大利亚旅游营销的则是一个叫"澳大利亚旅游"(Tourism Australia,http://www.tourism.australia.com/)的营销机构,而不是澳大利亚旅游局本身,"澳大利亚旅游营销机构"在全球主要市场设有16个办公室,负责全球市场推广与营销。

在州政府层面存在着类似的体制设计。以"阳光之州"昆士兰州为例,与旅游相应的政府部门是旅游、会展、小企业与联邦赛事部(Department of Tourism, Major Events, Small Businesses and the Commonwealth Games,详见http://www.dtesb.qld.gov.au/)。具体的旅游营销活动则由昆士兰旅游与会展机构(Tourism and Events Queensland,详见http://www.tourismeventsqueensland.com/)负责。2009年,他们策划了名震全球的"世界最佳工作"(the Best Job in the World,详见http://en.wikipedia.org/wiki/The_Best_Job_In_The_World),大大地提升了惠灵顿群岛地区(Whitsunday region)、大堡礁,以及整个昆士兰州在全球的知名度。在地方层面,也有相应的旅游营销机构,比如在以双世界遗产(大堡礁、热带雨林)闻名的北昆士兰,其旅游宣传推广接受"昆士兰旅游与会展"机构的指导,但也有专门的机构负责该片区的定向营销。该机构叫作"北昆士兰热带旅游推广局"(Tourism Tropical North Queensland,详见http://www.ttnq.org.au/),这是一个基于当地旅游企业会员制的机构,以会费为基础,为当地旅游企业的市场推广、成长壮大助力。

在州政府及地方政府层面,没有专门的旅游研究机构,他们一方面可以委托相关机构(如咨询公司、科研院校)进行相关研究,同时在很大程度上依赖于澳大利亚旅游研究院提供的数据和智力支持。后文中澳大利亚对华市场游客细分战略的信息主要由澳大利亚旅游研究院发布,各级旅游营销机构执行。

面对中国这个战略性市场,澳大利亚旅游相关部门高度意识到市场细分的重要性。他们认为合理的市场细分可以:

(1)协助澳大利亚旅游相关部门聚焦营销活动投资回报率最高的市场;
(2)更好地了解目标市场的异质性,抓住最有"钱"途的市场;
(3)了解各细分市场的心理状况,进行有效的市场沟通。

在旅游学研究领域,不少学者认为,相比于人口统计变量,心理变量对行为具有更好的指示意义[19][20]。澳大利亚旅游相关部门很认同这个理念。面对中国游客,他们了解到访游客的年龄、客源区域(一线城市、二线城市和三线城市)、旅游目的(含度假、探亲访友、商务、教育、工作等其他原因)、旅游经历(第一次到访和重复到访)等信息[21]。但为了更好地营销澳大利亚那块独一无二的大陆,他们以旅游动机为核心,将中国游客分为五大类。具体来说,他们在北上广等一线城市及周边区域开展研究,他们认为在这些区域,有19%的成人(19~65岁之间)会开展出境长途旅游,人数高达1950万人次。但这个长途出境游客市场具有明显的异质性。澳洲旅游相关部门进而以与旅游动机相关的两个维度为测量指标,将中国长途出境游客细分为五大类(见图1)。这两项测量维度分别是:个体对长途旅游的渴望度和对挑战的接受程度。

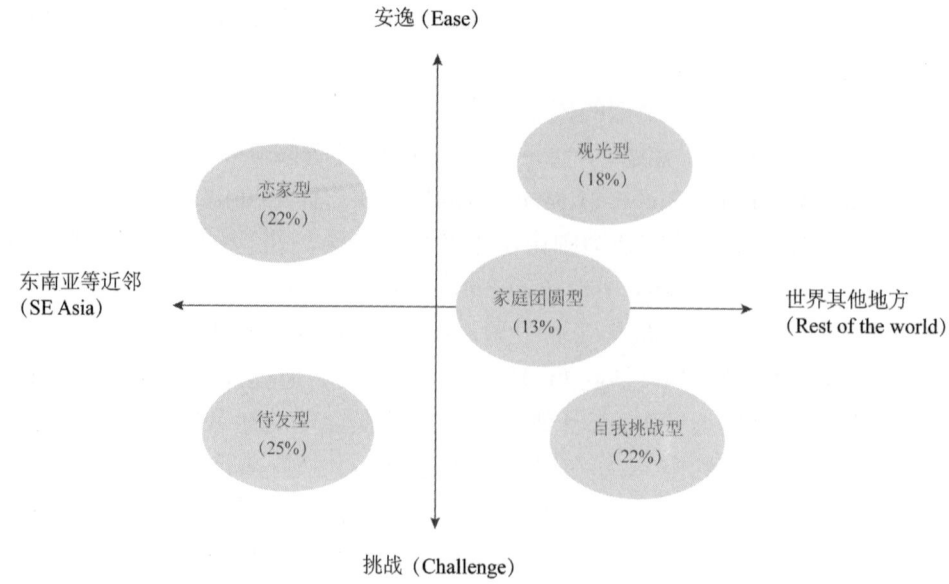

图1 澳大利亚对华游客的市场细分

来源:Tourism Research Australia(2012)

游客类型一:自我挑战型(self-challengers)

自我挑战型游客具有很强的了解外部世界、游历和体验其他国家和文化的内驱力,旅游已经内化为他们的生活方式。他们喜欢了解目的地的真实文化,喜欢体验当地的生活、文化习惯。他们的旅游经验相对比较丰富,喜欢自助游,不受约束地体验目的地。

根据澳大利亚旅游研究院的估计,自我挑战型游客市场占整个长途出境游市场的22%左右,约430万人口。与其他市场相比较,自我挑战型游客具有以下特点:①大部分已婚,但那些仍然单身的人士比其他群体更容易继续单身;②大部分接受过高等教育;③大部分在外资公司工作;④一般都有一张国际认可的信用卡;⑤英语等外语能力相对最高;⑥兴趣爱好广泛,是健身房、酒吧、咖啡馆等的常客;⑦年龄以25~34岁为主。

游客类型二:家庭团圆型(family connections)

家庭团圆型游客的度假内驱力在于和家人共享美好时光。他们本身没有很强烈的旅游欲望。如果没有家人或朋友的吸引力,他们很可能不会选择该目的地。他们会游历目的地的不少知名景点,但对目的地的文化没有浓厚的兴趣。他们对大城市、知名品牌、名流文化等更感兴趣。他们对价格不是很敏感,到达目的地的旅程费用往往不会影响他们的行程。

在市场份额上,家庭团圆型游客市场占整个长途出境游市场的13%,大约有250万人口。与其他市场相比,家庭团圆型游客有以下特点:①家庭收入超过平均水平;②较多为中外合资公司工作;③大部分拥有私家车;④英语水平相对可以;⑤兴趣爱好广泛,最有可能是高尔夫球的爱好者;⑥较多居住在一线城市,其中以上海最为典型。

游客类型三:观光型(sightseers)

观光型游客喜欢以舒适、安全的方式游历那些广为人知的知名景点。观光型游客一般参加团队旅游,喜欢在旅游中享受目的地的舒适与豪华,对当地文化的兴趣很低,对风险型项目也不感兴趣。他们最喜欢的是去那些符合他们的社会声望或能满足他们对社会声望的追求的知名景点。

观光型游客市场份额大约占长途出境游市场的18%,人数达到350万左右。与其他市场相比较,他们有以下特点:①较多是已婚的男性;②通常已为人父母;③个人收入和家庭收入都较高;④通常都拥有自己的房屋或其他固定资产;⑤一般都拥有一张具国际支付能力的信用卡;⑥在一线城市中,以广州尤为集中;⑦年龄一般在39岁以上。

游客类型四:待发型(ready to leave)

异域文化,尤其是东南亚之外的其他文化,对待发型游客具有很强的吸引力。他们对旅游有着浓厚的兴趣,渴望出去多看看,对当地文化感兴趣,期望游历一些不为大众游客所熟悉的景点。对旅游的舒适性要求不高,一般不参加团队游。

待发型游客市场份额大约占长途出境游市场的25%,人数高达490万。与其他市场相比,他们有以下特点:①单身的占绝大多数;②个人和家庭收入相对较低;③教育程度相对较低;④汽车、房产、国际信用卡拥有率相对较低;⑤兴趣爱好广泛,但以外出就餐为主;⑥年龄一般在18~24岁之间。

游客类型五:恋家型(close to home)

恋家型游客喜欢游历那些熟悉的让人觉得受欢迎和放松的地方。他们不是天生的旅游者。他们喜欢由旅游经验丰富的人或者由导游陪同一起旅游。他们的旅游经验相对较少。他们喜欢去一些知名景点,并回来和家人、朋友分享。他们不喜欢与当地百姓交流。他们喜欢社会秩序稳定的现代的发达国家。东南亚等文化差异较少的国家是他们出境游的首选。

恋家型游客市场份额大约占长途出境游市场的22%,人数高达430万。与其他市场相比,他们有以下特点:①以女性居多;②个人和家庭收入相对较低;③教育程度相对较低,很多没有受过高等教育;④以在政府、国有企业和本土企业工作为主;⑤汽车、房产等拥有率相对较低;⑥英语表达能力最欠缺;⑦兴趣爱好较多,以看电视、阅读、购物、徒步等为主。

了解各个细分市场的目的是为了界定最有价值的目标市场。澳大利亚旅游相关部门认为他们的核心市场是:自我挑战型游客和观光型游客,因为这两组游客最有可能提升澳大利亚旅游的营销回报,为澳大利亚带来最高的收入。不管是短期来说还是长期来说,这两组游客到访澳大利亚的可能性最高。

对于另外三个细分市场,澳大利亚旅游局将其定位为机会市场。比如家庭团圆型游客是澳大利亚旅游的一个重要利基市场,因为大量的旅澳华人对这个细分市场有着强烈的吸引力。因为亲朋好友在澳大利亚,具有家庭团圆型特质的游客会特别考虑澳大利亚作为他们旅游的目的地。同时,这个市场又有着相对较强的支付能力。

澳大利亚旅游局意识到,各个细分市场之间不是绝对的。待发型市场与自我挑战型市场都具有强烈的旅游内驱力,都对目的地的文化和民俗具有浓厚的兴趣。随着年龄的增长,收入的增加,旅游经验的丰富,待发型游客很有可能向自我挑战型游客转化,成为澳大利亚旅游的核心市场。

面对不同市场,澳大利亚旅游营销部门认真了解其行为特征。比如,他们发现自我挑战型游客的旅游信息来源主要为:旅游书籍、商务联系、旅游达人的影响以及家人、朋友的旅游经历。他们一般在4个月之前制定行程,一个月前开始预订机票,3周前开始预订住宿。在具体预订中,网络是他们的主要渠道。居住在目的地的亲朋好友也是他们的重要信息源。在旅行活动中,他们一般独自旅行,很少参团,一般选择入住中端酒店(2~3星级)。更重要的是,澳大利亚旅游营销部门积极了解该群体对澳大利亚的态度感知和出游意愿,并制定有针对性的营销活动。

四、澳大利亚对华游客细分战略的评析与启示

旅游市场营销的研究众多,但聚焦国家层面的显得尤为稀少[22]。本文结合市场细分的理论,以澳大利亚旅游的中国市场为案例,介绍国外优秀的旅游目的地管理机构如何依托科研的力量,聚焦其战略市场,力图做大做强特定市场,为当地创造最大的社会经济效益。

(一)澳大利亚对华游客细分战略评析

1. 明晰宏观环境,了解重点区域市场

在澳大利亚的案例中,中国市场在全球经济危机中逆势增长,一跃成为澳大利亚经济贡献度最高的明星市场。澳大利亚旅游相关部门深入分析国内外形势,在意识到"亚洲世纪"的到来之后,积极调整外交策略,适时制定有利于中国游客访澳的多种利好政策。

2. 了解区域市场的差异性,抓住重点市场

澳大利亚旅游相关部门虽然看重中国市场,但并没有一视同仁地看待中国的长途出境游市场。在这个市场中,澳大利亚旅游局根据游客的社会心理特征将游客分为五大类,鉴别自己的核心市场。核心市场的重要衡量指标是其社会经济贡献度。

3. 调研重点市场的旅游动机与行为

澳大利亚旅游研究院非常注重消费者行为,全年在多种节点(如机场、知名景点等)调查国内外游客在澳大利亚的旅游体验,并及时反馈给相应的营销机构与企业。面对中国游客市场,澳大利亚旅游研究院委托咨询机构在中国一线城市调研上万中国游客,及时了解这匹新崛起的"黑马"的行为偏好,对澳大利亚旅游的感知、意向等。

4. 有的放矢地进行产品设计和营销活动

在了解游客行为的基础上,澳大利亚旅游研究院认为中国市场内部最有吸引力的是具有强烈旅游内驱力和探索精神的自我挑战型游客以及对享乐舒适、社会地位要求较高的观光型游客。他们将信息传达给国内的各个营销部门,营销部门根据研究信息,在不同市场的营销渠道和策略上采取不同的手段。

放眼我国最先成长的入境旅游市场,在高歌猛进的出境旅游市场和国内旅游市场面前,显得相当疲软,一直不温不火,甚至出现下降的趋势。我国入境旅游业面临亚洲周边国家的竞争、对外国游客缺乏了解及过分强调区域概念等考验[23]。

(二)对我国发展入境旅游的启示

反思澳大利亚的对华市场细分过程,笔者认为有三个方面值得我们重点借鉴与参考。

1. 加强科研投入,了解游客的偏好与体验

近年来,我国学者在游客行为方面的研究兴趣日益增多[24],但鲜有研究关注入境游客的行为[25]。澳大利亚国际旅游开拓方面的成功,与澳大利亚旅游研究院及其他研究机构的知识贡献不无相关。在我国,中国旅游研究院、各地院校及科研机构等可以在将我国提升为国际优质旅游目的地方面做更多的贡献。这些研究有利于解答一些最基本的问题,比如:中国对于入境游客的吸引力究竟在何处?微观层面上,某景点的吸引力究竟在哪? 比如,年接待1500万中外游客、80%以上是外宾的秀水街的吸引力究竟在哪?

2. 注重市场的异质性,进行差异化营销

市场的异质性是多层面的。外国游客普遍对中国最感兴趣的是传统文化、历史、风景。不过每个国家的旅游者对于中国的理解还各有差异,美国游客认为中国人民美丽,日本人喜欢中国美食,东南亚游客除了对中国的风景、历史和文化有着强烈的兴趣之外,能打动他们的还有中国的产品。同在西方文化中,在顾客满意上,西欧游客可能比北美游客、澳洲游客要求更多[26]。

在更深层次上,来华外国游客的动机不同。休闲娱乐的游客与商务考察的游客可能区别很大,观光客与背包客欣赏中国的视角也会有很大差异,第一次访华游客与返客的诉求也可能有区别。找到合适的切入点,了解细分市场,才能为差异化的营销创造条件。

3. 游客信息共享

第一时间发布游客行为相关信息,确保任何感兴趣的组织和个体都可以第一时间了解其所服务的游客爱好和信息,并采取相应的行为。信息共享的方式多种多样,有网站信息,报告分享,还可以通过有偿或免费的研讨会,增强科研机构与业界的联系,更好地共同促进入境旅游的可持续发展。

【参考文献】

[1] Wu, M. -Y., & Pearce, P. L. Appraising netnography: towards insights about new markets in the digital tourist era. *Current Issues* in Tourism, 2013. In press.

[2] Dolnicar, S. A review of data – driven market segmentation in tourism[J]. Journal of Travel & Tourism Marketing, 2002, 12(1):1 – 22.

[3] Haley, R. J. Benefit segmentation: A decision – oriented research tool [J]. *Journal of Marketing*, 1968, 32: 30 – 35

[4] 芮田生,阎洪. 旅游市场细分评述研究[J]. 旅游科学, 2009(10):59 – 64.

[5] Mok C, Iverson T J. Expenditure based segmentation: Taiwanese tourists to Guam [J]. Tourism Management, 2000, 21: 299 – 305.

[6] Andreck, K. & Caldwell, L. Variable selection in tourism market segmentation models [J]. Journal of Travel Research, 1994, 33, 40 – 47.

[7] Andreu, L., Kozak, M., Avci, N., &Cifter, N. Market segmentation by motivations to travel [J]. Journal of Travel & Tourism Marketing, 2005, 19:1, 1 – 14.

[8] Hsieh, S., O'Leary, J. T. & Morrison, A. M. Segmenting the international travel market by activity[J]. *Tourism Management*, 1992, 13: 57 – 75.

[9] Gladwell, N. J. A psychographic and sociodemographic Analysis of State Park Inn Users. *Journal of Travel Research*, 1990, 28: 15 – 20.

[10] Cohen E. Who is a tourist? A conceptual clarification [J]. Sociological Review, 1974 (6): 408 – 424.

[11] Muller, T. Using personal values to define segments in an International tourism market. International Marketing Review, 1989, 8(1): 57 – 70.

[12] Morrison, A., M. Hospitality and Travel Marketing. 旅游服务业市场营销 [M]. 李天元主译,中国人民大学出版社. 2012.

[13] Australia Trade Commission, Australian's strong tourist arrival signal rising investment opportunities[R]. 2013, Canberra: Australia Trade Commission.

[14] 澳大利亚联邦政府.《亚洲世纪中的澳大利亚》白皮书[R]. 2012, http://www.china.embassy.gov.au/bjngchinese/whitepaper_ch.html

[15] Bailey, G., &Jago, L. State of the industry 2012 [R]. Canberra: Tourism Research Australia. 2012.

[16] Tourism Research Australia. 2020 China … building the foundations – knowing the customer [R]. Canberra: Tourism Research Australia. 2012.

[17] Tourism Victoria. Victoria's China Tourism Strategy [R]. Melbourne: Tourism Victoria. 2012.

[18] Tourism Research Australia. The Chinese traveller: Segmenting of the Chinese market [R]. Canberra: Tourism Research Australia. 2012.

[19] Pearce, P. L. Understanding environment optimists and pessimists and Australia's Great Barrier Reef. In N. K. Saxena (Ed.), *Recent Advances in Marine Science and Technology* (pp. 263 – 271) [C]. Honolulu: PACON International. 2005.

[20] Wu, M. -Y. Tourism at the Roof of the World: Young Hosts Assess Tourism Community Futures in Lhasa, Tibet. [D]. James Cook University Townsville. 2012.

[21] Tourism Research Australia. China market profile [R]. Canberra: Tourism Research Australia. 2012.

[22] Hays, S., Page, S. J., &Buhalis, D. Social media as a destination market-

ing tool: its use by national tourism organisations[J]. *Current Issues in Tourism*, 2013, 16(3), 211-239.

[23] 中国旅游研究院. 聚焦入境旅游市场困境: 入境旅游市场该如何突破瓶颈. 2013-07-08, http://www.ctaweb.org/html/2013-7/2013-7-8-9-59-48197.html.

[24] Tsang, N. K. F., & Hsu, C. H. C. Thirty years of research on tourism and hospitality management in China: A review and analysis of journal publications[J]. *International Journal of Hospitality Management*, 2011, 30(4), 886-896.

[25] Wu, M.-Y., Wall, G., & Pearce, P. L. Shopping experiences: International tourists in Beijing's Silk market[J]. *Tourism Management*, 2014, 41: 96-106.

[26] Zhou, L-Q, Ye, S., Pearce, P. L., &Wu, M.-Y. Refreshing hotel satisfaction studies by reconfiguring customer review data[J]. *International Journal of Hospitality Management*. In press.

Segmenting the Chinese Market: Experiences from Tourism Australia

WU Mao-ying

(*Tourism, School of Management, Zhejiang University, Hangzhou 310058, China*)

Abstract: Tourism market segmentation has been a high priority of tourism marketing. It is critical to the sustainable futures of any individual tourism companies, as well as tourism destinations. This chapter focuses on the destination level. It takes how Tourism Australia segments its most important and fast growing market – Chinese travelers as a case study. This case study illustrates how segmentation works at a destination level. Implications for better segmentation are offered for Chinese tourism destination organizations.

Keywords: tourism market segmentation; Tourism Australia; Chinese Tourists; Implications

责任编辑:郭珍宏

图书在版编目(CIP)数据

中国旅游评论. 政策专辑 / 中国旅游研究院主编. -- 北京：旅游教育出版社, 2014.1
ISBN 978-7-5637-2860-2

Ⅰ. ①中… Ⅱ. ①中… Ⅲ. ①旅游业发展—中国—文集 Ⅳ. ①F592.3-53

中国版本图书馆 CIP 数据核字(2013)第 298891 号

中国旅游评论：政策专辑

中国旅游研究院　主编

出版单位	旅游教育出版社
地　　址	北京市朝阳区定福庄南里1号
邮　　编	100024
发行电话	(010)65778403　65728372　65767462(传真)
本社网址	www.tepcb.com
E-mail	tepfx@163.com
印刷单位	北京中科印刷有限公司
经销单位	新华书店
开　　本	787毫米×1092毫米　1/16
印　　张	9.5
字　　数	148千字
版　　次	2014年1月第1版
印　　次	2014年1月第1次印刷
定　　价	40.00元

(图书如有装订差错请与发行部联系)